Banquetes

*para Exu, Pombagira
e o mestre Zé Pelintra*

ODÉ KILEUY & VERA DE OXAGUIÃ

Banquetes

*para Exu, Pombagira
e o mestre Zé Pelintra*

Rio de Janeiro
2013

Copyright© 2013
Pallas Editora

EDITORAS
Cristina Fernandes Warth
Mariana Warth

COORDENAÇÃO EDITORIAL
Livia Cabrini

REVISÃO
Dayana Santos

CAPA
Aron Balmas

DIAGRAMAÇÃO
Abreu´s System

FOTOS
Vitor Vogel

Este livro segue as novas regras do Acordo Ortográfico da Língua Portuguesa.

Todos os direitos reservados à Pallas Editora e Distribuidora Ltda.
Não é permitida a reprodução por qualquer meio mecânico, eletrônico, xerográfico etc. de parte ou da totalidade do conteúdo e das imagens contidas neste impresso sem a prévia autorização por escrito da editora.

CIP-BRASIL CATALOGAÇÃO NA FONTE
SINDICATO NACIONAL DOS EDITORES DE LIVROS, RJ

M414b
    Maurício, George
    Banquetes para Exu, Pombagira e o mestre Zé Pelintra / George Maurício (Odé Kileuy) ; Vera de Oxaguiã. - 1. ed. - Rio de Janeiro : Pallas, 2013.
    312 p. ; 21 cm.
    ISBN 978-85-347-0511-0

    1. Umbanda - Rituais. 2. Candomblé - Rituais. 3. Alimentos - Aspectos religiosos. 4.Culinária brasileira. I. Oxaguiã, Vera de. II. Título.

13-05423
    CDD: 299.67
    CDU: 259.4

Pallas Editora e Distribuidora Ltda.
Rua Frederico de Albuquerque, 56 - Higienópolis
CEP 21050-840 - Rio de Janeiro - RJ
Tel./fax: 55 21 2270-0186
www.pallaseditora.com.br
pallas@pallaseditora.com.br

Exu e Pombagira

Exu é uma divindade africana, de origem iorubá, trazida para o Brasil pelos escravos. Muitos destes escravos conseguiram trazer escondidos vários elementos pertencentes às suas religiões, incluindo assentamentos desta divindade.

No Brasil, pela necessidade de se manterem unidos e esquecerem desavenças passadas, houve o encontro do Exu dos iorubás com divindades equivalentes, originárias de outras nações africanas. Assim, os Bantus, principalmente, nos legaram Pambu-Njila e Aluvaiá, divindades feminina e masculina, respectivamente.

O termo Pambu-Njila deu origem popularmente ao nome Pombagira, entidade feminina da umbanda que controla os caminhos e as encruzilhadas, tal como a divindade bantu.

Devido ao fato de a umbanda ser uma religião muito sincrética, e também porque muitos dos que participavam da umbanda frequentavam o candomblé iorubá, nossos "compadres" e "comadres" (como costumavam ser chamados, e como são ainda hoje em alguns terreiros), passaram a ser denominados de Exu e de Pombagira.

Essa mudança foi facilitada pelo comportamento e pelas características semelhantes no modo de trabalhar das entidades, e por outros atributos. E estes nomes persistem até os dias atuais dentro da umbanda.

Exu é o único que tem trânsito livre entre o mundo físico e o divino. É ele quem ajuda e esclarece nossas dúvidas, e cuja linguagem e entendimento são universais. Ele vai conversar com as pessoas no idioma do país em que estiver seu "cavalo".

Exu e Pombagira trabalham com neutralidade e independência, tanto para o bem quanto para o mal, dependendo do que os seres humanos lhes pedem, pois respeitam o livre arbítrio de cada um.

Por ser ambíguo, Exu muitas vezes é o reflexo de quem o procura: dá o bem a quem lhe pede isso, e a quem lhe pede coisas negativas, ele obedece por ser interesseiro. Mas, tenham certeza, tudo será cobrado... e devidamente cobrado!

Por isso, ainda existem tantas pessoas que creem que Exu só faz o mal. São pessoas preconceituosas, que pecam pelo profundo desconhecimento ou por não procurarem maiores esclarecimentos.

É sabido que muitos Exus em vida foram médicos, intelectuais, padres, grandes sábios, feiticeiros, curandeiros, professores. Viveram, morreram e voltaram para nos ajudar. Alguns tiveram mortes violentas nas guilhotinas, foram esquartejados, eram marginais, assassinos de má índole, personalidade fraca. Porém, não deixam de ser ancestrais poderosos e que agora procuram ajudar àqueles que os procuram.

Exu pode se manifestar em muitas pessoas ao mesmo tempo, mas vai sempre se apresentar de acordo com a índole e a educação social de cada um. Exu evolui junto com seu "cavalo", acompanhando o aprendizado da pessoa.

Exu vai lhe ajudar muito pouco se você não recorrer a ele. Esta entidade não tem nenhuma necessidade de ir até o ser humano. Embora se pense que ele seja um serviçal dos homens e das divindades, ele espera sempre que o homem vá até ele e peça sua ajuda para, então, poder exigir um pagamento pelo seu trabalho. Exu é muito trabalhador, mas também muito interesseiro! Se não ganhar, não trabalha!

Contudo, em certas situações, quando Exu vê que uma pessoa necessita de ajuda para descobrir, melhorar ou curar uma doença, ele vai até ela, e certamente vai ajudar. A entidade também dá orientações na vida pessoal, material ou sentimental do consulente. Porém, tudo com Exu tem que ser espontâneo, natural e verdadeiro!

Certas entidades da umbanda, entretanto, trabalham prestando caridade, sem demonstrar nenhum interesse em ganhar – os Preto-velhos, os Caboclos e Caboclas e as crianças (Bejada). Eles têm uma outra concepção e trabalham em falanges diferenciadas.

Habitante de vários caminhos, como as encruzilhadas e os muitos tipos de cruzamentos, Exu também recebe suas oferendas em locais como porteiras, estradas, campos, praças e cemitérios. Sempre em locais bem limpos. Por isso, precisamos ter muito cuidado para não sujar as encruzilhadas dos centros urbanos, com isso evita-se também macular e denegrir o nome da religião. E, principalmente, evitar que Exu e Pombagira recebam a culpa do mau comportamento dos seres humanos que ainda agem assim.

Quando dizemos que Exu não é bom nem mau, que ele tanto auxilia como atrapalha, demonstramos sua semelhança com os homens: é interesseiro e tem várias artimanhas, mas também muitas virtudes. Entretanto, Exu, diferentemente do ser humano, não ilude nem engana aqueles que agem corretamente com ele. Nem é enganado! Quem pensa que pode enganar Exu pode arranjar grandes problemas em sua vida!

A maioria dos Exus é moleque, travesso, gosta de rir e de brincar com as pessoas, usando sempre muita franqueza e sendo direto em suas mensagens. Porém, não acredite na risada de Exu; ela é traiçoeira!

É costume que alguns Exus e Pombagiras utilizem palavrões em seu linguajar, o que, dentro de alguns limites, é aceito pela sociedade. Mas quando este comportamento é exagerado e vem acompanhado de gesto obscenos, geralmente é devido ao comportamento educacional e social de seu "cavalo".

As Pombagiras quando chegam nos terreiros se mostram muito brejeiras, elegantes e trazem consigo a magia, o mistério, um leve segredo no olhar. Têm um requebrado e um trejeito de sensualidade, de feminilidade. Algumas são muito voluptuosas, sem vulgaridade, sendo apenas mulheres que sabem transmitir, sem falsos pudores, o pensamento e o desejo de todas as mulheres. Muitas gostam de ser chamadas de "madames" pelos seus clientes; sentem-se prestigiadas, pois as grandes donas dos cabarés do passado eram chamadas dessa forma.

É importante lembrar que a maioria destas mulheres poderosas exerceu diferentes funções em vidas passadas. Agora, como Pombagiras, trabalham com seriedade, procurando fazer a união, ajudar em doenças, limpar ou abrir caminhos.

Exu e Pombagira adoram bebida e fumo, seja cigarro, cigarrilha ou charuto. Estas também são prerrogativas de alguns homens e mulheres. E essa semelhança facilita e faz com que as pessoas fiquem mais descontraídas, formando o ambiente ideal para que esse tipo de festa transcorra com maior perfeição.

Mas existem alguns Exus que quando trabalham não fazem uso do fumo e da bebida; deixam para usá-las só nos dias de suas festas, para confraternizar com os homens.

Não se enganem aqueles que veem Exu chegar gargalhando e com brincadeiras; ele chega para trabalhar, e exige respeito. E também muita cautela, pois vem combater o mal, ajudar aos necessitados, fazer suas mandingas, e até mesmo devolver as maldades e feitiços que mandam para os seus consulentes ou para a casa onde trabalha, pois é justo em suas decisões e sabe das necessidades de quem o procura.

Muitos são os que o temem, alguns o amam, e outros o querem como amigo!

Nas festas promovidas para Exu e Pombagira lembre-se sempre que o festejo é das entidades, portanto, prestigie, chegando com antecipação. Quem precisa ser notado ao entrar no salão são eles!

Esta é uma forma educada de prestigiar quem tanto nos ajuda!

Em todos os momentos da festa, aja com respeito. Converse, beba, coma, faça seus pedidos, mas principalmente não se esqueça de agradecer ao alcançar seus objetivos.

É muito comum que nas festividades para Exu e Pombagira as pessoas alterem o tom de voz, se excedam no linguajar e até esqueçam que um pouco de educação social também é necessária nestas ocasiões, pois Exu não é sinônimo de distúrbio e nem de algazarra. Ele representa primeiramente a alegria e a união das entidades com os homens!

Seu dia é a segunda-feira, mas você pode agraciá-lo a qualquer dia e a qualquer hora, sempre de acordo com a sua necessidade ou com a sua emergência. Lembre-se também de que Exu e Pombagira não comem somente farofa. E este livro vai ensinar vocês a fazer belos quitutes para seus compadres e suas comadres!

Cada Exu tem sua bebida preferida, indo desde a cachaça e a cerveja, até vinhos e uísques refinados. Velas, charutos ou cigarros são sempre bem-vindos.

Para as Pombagiras, itens mais delicados agradam mais, como brincos, pulseiras, colares, perfumes, rosas, champanhe, anis, vinho rosé.

Desde a Idade Média até o final da escravidão, quando a Igreja percebeu o grande poder que Exu tinha sobre os homens, algumas pessoas passaram a compará-lo ao Demônio da religião católica. E Exu ganhou, então, chifre, rabo e patas!

E pode ser que até mesmo Exu, como moleque que é, tenha aceitado esses elementos, como forma de impor respeito, e também escarneando e debochando daqueles que pretendiam renegá-lo.

Muitas pessoas, na ignorância, aceitaram isso durante anos e anos. E Exu ficou marcado por séculos.

Por isso, é necessário, nos dias atuais, que se construa uma verdade com os conhecimentos e as informações que possuímos. Que esse saber se espalhe, se amplie, esclarecendo melhor e mostrando aos adeptos da religião e aos seus seguidores o imenso poder de Exu e seu lugar no panteão das entidades.

Se Exu pertence à ancestralidade, é um ser que viveu há dezenas ou centenas de anos, como podem, agora, querer transformá-lo em um ser animalesco?

As pessoas sabem que quando recorremos a Deus, teremos a ajuda de Deus, mas que se invocarmos o Diabo, ele vai estar ao nosso lado!

E a umbanda e o candomblé não trabalham e nem invocam tal criatura.

O mal está dentro de cada pessoa e só precisa de um motivo para se apresentar. E é por isso que nós precisamos trabalhar para combatê-lo, e não deixá-lo se exteriorizar!

Os homens, para agradar Exu, precisam se livrar de seu orgulho e de sua vaidade. E precisam entender que Exu é a primeira entidade a ser cultuada, o primeiro a ser louvado, seja na umbanda ou no candomblé. Aí está a grande explicação de porquê o homem precisa se mostrar humilde perante Exu.

Ele tem a função de protetor e de isolante de forças negativas e perturbadoras, sendo ainda o mensageiro e o interlocutor entre os homens e as divindades, e vice-versa. Se a ele não for dada prioridade, nada acontecerá a contento.

E todos precisam entender um conceito muito importante: Exu não é o culpado pelas maldades que o homem pratica, porque o homem possui o livre arbítrio. E ele às vezes faz escolhas erradas.

Exu é, então, primordialmente, o guardião das ruas e das madrugadas, sendo considerado o responsável pela ordem e pela nossa defesa.

Introdução

Construir um livro não é tarefa fácil. Muitos itens precisam ser bem pensados e devem ser explicados de forma simples e sucinta.

Um livro tem que ser direcionado a seu público-alvo; precisa ser bem-feito para poder ser bem-aceito e, principalmente, ter utilidade para ser lido.

Pensando assim, fizemos este livro com um simples desejo: que você o utilize no seu dia a dia!

Aqui, você vai encontrar simpatias e presentes fáceis para seu Exu ou para sua Pombagira.

E também para o mestre Zé Pelintra, malandro poderoso, faceiro, muito solicitado, saudado e amado por seus seguidores e pelos que a ele recorrem.

Sabemos, com certeza, que vamos esquecer de mencionar muitos Exus e muitas Pombagiras, o que é compreensível. Seria quase impossível selecionarmos todas estas entidades. Mas você poderá escolher um presente do seu agrado e fazê-lo para o Exu ou para a Pombagira de sua predileção.

Esperamos que este novo livro seja de grande utilidade para todos vocês, como o são *Feitiços para prender o seu amor, Como fazer você mesmo o seu ebó, Presenteie seus orixás e ekuruns, De bem com a vida* e *Vodum Sor-*

roquê (Xoroquê), o poderoso guardião, todos ensinando presentes e simpatias para suas divindades.

E também *O candomblé bem explicado,* um livro didático de excelente aceitação por iniciados, simpatizantes e estudantes da religião, e que não pode faltar em sua biblioteca.

Agrade suas entidades, agradeça com amor o que elas lhe derem, peça com fé o que deseja, pois elas estão aqui para nos ajudar e, também, para ajudar a elas próprias, pois é através do atendimento aos desejos dos seres humanos que as entidades conseguem crescer e melhorar seu novo tempo na Terra.

Boa sorte e grandes conquistas!

Odé Kileuy & Vera de Oxaguiã

Sumário

Exu e Pombagira 5

Introdução 13

Leia com atenção 17

Exus 19

    Brasa 21
    Cainana 25
    Caveira 31
    Lodo 41
    Giramundo 47
    Mangueira 53
    Marabô 59
    Marabô Toquinho 65
    Mirim 71
    Morcego 79
    Pimenta 85
    Poeira (ou Exu Ventania) 93
    Sete Facadas 99
    Sete Porteiras 105
    Tiriri 111
    Tranca-rua 117
    Veludo 127

Pombagiras 131

    Maria Arrepiada 133
    Cacurucaia 137
    Cigana 141
    Ciganinha da Estrada 151
    Sinza Muzila 157
    Colondina 161
    Maria Farrapo 167
    Maria Molambo 171
    Maria Molambinho 183
    Maria Padilha 189
    Pombagira Menina 203
    Sete Encruzilhadas 209
    Rosa Caveira 213
    Rosa Vermelha do Cabaré 217
    Rosa Vermelha 221

    Um presente especial 227

Povo Cigano 229

Feitiços para sua defesa 239

Zé Pelintra 245

Quitutes para o mestre Zé Pelintra 254

Leia com atenção!

1) Tenha muito cuidado ao acender velas, tanto em casa como na rua. Procure sempre limpar o local e não as acenda em cima de raízes de árvores ou perto de folhas secas, evitando incêndios ou a destruição do nosso bem principal: a natureza. Às vezes será melhor não acendê-las do que causar dano. As entidades entendem perfeitamente bem o que fazemos.

2) Não falamos de quantidades, pois cada um poderá usar os elementos na porção que quiser ou de acordo com suas posses. Procuramos explicar bem o preparo para que tudo corra bem.

3) Procure estar bem harmonizada/o quando fizer seus presentes. Tenha em mente que tudo o que fazemos para as entidades precisa ser realizado com muita fé e tranquilidade, para haver uma troca de energia e de realizações, pois é dando que se recebe.

4) Todos os dias são propiciatórios para Exu ou Pombagira receber seus presentes, embora o dia dedicado a eles seja a segunda-feira. Procure fazer seus preceitos em Lua Cheia, Quarto Crescente ou Nova.

5) Se você não tiver condições de colocar os presentes em alguidar ou prato, pode utilizar pratos de alumínio ou de papelão. O importante é seu coração puro e a fé com que vai dar o presente. O próximo, com certeza, será feito no recipiente ideal.

6) Procure fazer tudo na mais perfeita limpeza, lavando as frutas, as folhas e arrumando os elementos com muito amor e deixando o presente bonito. A aparência é importante, faz bem aos olhos!

7) Usar frutas cristalizadas ou doces em calda, como figo, abacaxi, cereja e pêssego é aconselhável nos presentes para trazer equilíbrio, tranquilidade, harmonia, magia.

8) Se morar em casa com quintal, procure sempre um local afastado, protegido de olhares curiosos e deixe o presente ali por algumas horas, antes de levá-lo para a rua.

9) Qualquer presente pode ser feito também para o amor entre pessoas do mesmo sexo; as entidades desconhecem os preconceitos e as diferenças.

10) Você poderá escolher um presente específico e ofertá-lo para o Exu ou para a Pombagira de seu coração. Se quiser acrescentar ou trocar algum ingrediente, colocando algo mais especial, faça e oferte. Com certeza o presente será bem-recebido.

11) Lembre-se: o principal tempero de qualquer presente é a FÉ. Sem ela, nada poderá ser feito.

Brasa

EXU BRASA – é a entidade que domina o fogo, os incêndios. Se você tiver o assentamento desse Exu em sua casa, é bom ter ao lado, quando for presenteá-lo, uma panela de barro ou de ferro com um braseiro feito de pequenas pedras de carvão. Leve o presente para a rua logo após as brasas se apagarem.

Presente 1
Para retirar forças negativas do seu caminho

Elementos necessários

- um alguidar pequeno
- um pedaço de morim, marrom (ou folhas de mamona branca)
- dois copos de farinha de mandioca e uma pitada de sal
- um pouco de azeite de oliva
- um pouco de mel de abelhas
- sete pedras pequenas de carvão
- rodelas de cebola roxa
- um pouco de cachaça
- charuto
- uma vela

COMO FAZER – lave o alguidar e, após secar, forre-o com o morim. Misture com as mãos a farinha, o sal, o azeite de oliva e o mel de abelhas, fazendo uma farofa não muito seca e nem muito gordurosa. Coloque a farofa em cima do pano, ponha as pedras de carvão no centro e, ao redor, as rodelas de cebola. Leve para a rua e entregue numa encruzilhada de terra ou ao pé de uma árvore bonita e bem copada, em uma estrada. Rodeie com a cachaça e borrife também um pouco da bebida dentro do presente. Faça seus pedidos a **Exu Brasa**, acenda a vela e o charuto, dê sete baforadas e coloque-o no presente.

Presente 2

Para ativar, movimentar o seu dia a dia; para ajudar a acelerar e desembaraçar causas na justiça

Elementos necessários

- um alguidar pequeno
- sete brasas de carvão, bem acesas
- vinho doce
- um bife cru de carne bovina
- azeite de oliva
- um pedaço de pano marrom
- cachaça

COMO FAZER – ponha a brasas acesas dentro do alguidar, acrescente um pouco do vinho e da cachaça por cima, com cuidado. Regue com azeite de oliva e coloque o bife. Cubra tudo com o pano marrom e entregue em uma encruzilhada de terra, chamando por **Exu Brasa**. Regue ao redor com o restante da cachaça, fazendo seus pedidos.

EXU CAINANA – Exu dos tempos antigos, de grande poder espiritual. Amigo dos que o procuram nas necessidades. Protetor dos viajantes, dos caminhantes, daqueles que trabalham na estradas, e inimigo das desigualdades sociais.

Presente 3
Para livrar de traições (pessoais, amorosas)

Elementos necessários

- um alguidar
- um pedaço de pano vermelho
- um pacote de milharina ou farinha-d'água
- sal
- uma pera sem casca ralada
- uma maçã sem casca ralada
- mel de abelhas
- azeite de oliva
- um bife de fígado
- um charuto
- uma vela branca, uma vermelha, uma azul, uma verde
- vinho branco seco

COMO FAZER – forre o alguidar com o pano vermelho. Misture a milharina ou farinha-d'água com uma pitada de sal, a pera e a maçã, o mel, o azeite e faça, com as pontas dos dedos, uma farofa úmida. Coloque no pano. Frite rapidamente o bife de fígado e ponha em cima da farofa. Leve para uma estrada ou para uma encruzilhada e acenda o charuto, fazendo seus pedidos a **Exu Cainana**. Acenda as velas ao redor do alguidar e oferte a bebida num copo ao lado.

Presente 4
Para clarear e trazer ajuda em problemas de saúde

Elementos necessários

- um alguidar médio
- farinha de mandioca
- uma pitada de sal
- azeite de oliva
- óleo de amêndoas
- miúdos de frango bem lavados
- uma cebola grande
- azeitonas verdes
- uma vela azul
- um charuto
- vinho branco

COMO FAZER – faça com as pontas dos dedos uma farofa úmida, misturando a farinha, o sal, o azeite e o óleo de amêndoas. Coloque no alguidar. Em uma panela, doure a cebola, ralada ou bem-picada, no azeite. A seguir, acrescente os miúdos e deixe dar um rápido cozimento, ficando bem sequinho. Depois, coloque em cima da farofa e enfeite ao redor com as azeitonas verdes. Entregue numa encruzilhada ou numa estrada de terra e faça seus pedidos. Acenda a vela e o charuto e despeje o vinho em volta do presente, chamando por **Exu Cainana**, pedindo sua ajuda.

Presente 5
*Para tirar o amargor da sua vida,
afastar melancolia, tristezas*

Elementos necessários
- um alguidar grande
- sete maxixes
- sete jilós
- sal
- farinha de mandioca
- azeite de oliva
- mel de abelha
- sete pés de galinha aferventados
- um cigarro
- uma vela verde
- vinho branco seco

COMO FAZER – cozinhe o maxixe e o jiló inteiros, com um pouquinho de sal, não deixando que amoleçam demais. Retire da água e deixe esfriar. Misture bem a farinha, o sal, o azeite, o mel e coloque no alguidar. Coloque os jilós e os maxixes no centro e enfeite em volta da farofa com os sete pés de galinha. Leve para uma estrada longa ou para uma encruzilhada e peça a **Exu Cainana** para que ele ajude você a caminhar, a prosperar, a crescer, etc. Acenda o cigarro e a vela, borrife um pouco do vinho no presente e espalhe o restante em volta, sempre conversando com o Exu.

EXU CAVEIRA – Exu primordial para fazer uma limpeza espiritual no terreiro e nos participantes, para afastar negatividades. É o Exu guardião dos cemitérios, e deve ser o primeiro a ser saudado nos despachos feitos nestes locais. Poderoso ajudante em problemas de doenças. Muito procurado para trabalhos nas madrugadas. Ajudante importante para descobrir coisas ocultas, ou coisas impossíveis e desconhecidas aos olhares dos homens.

Presente 6
*Para pedir ajuda nos problemas
de doenças nas pernas*

Elementos necessários

- um alguidar médio
- dois copos de farinha de mandioca
- uma pitada de sal
- azeite de oliva
- um mocotó de boi cortado em fatias
- uma cebola roxa
- sete pimentas-malaguetas, inteiras
- uma garrafa de bagaceira
- uma vela preta e vermelha (ou preta e branca)
- um charuto

COMO FAZER – lave bem o mocotó e ponha para cozinhar com água e sal. Retire do fogo e deixe esfriar. Faça uma farofa com as pontas dos dedos misturando a farinha, o sal e o azeite de oliva. Coloque no alguidar e rodeie com as fatias do mocotó, enfeitando com rodelas grossas de cebola roxa e as pimentas. Leve para uma encruzilhada de terra, afastada dos centros urbanos, acenda o charuto e faça seus pedidos a **Exu Caveira**. Acenda a vela ao lado do presente, observando a sua colocação para não queimar o presente ou provocar incêndio. (Lembre-se sempre que, independente de seu presente para Exu, você também precisa da ajuda de um médico, pois a parte espiritual precisa trabalhar junto com a parte física.)

Presente 7
*Para cortar feitiços que estejam
atrapalhando sua vida*

Elementos necessários

- ✓ um alguidar médio
- ✓ um pedaço de tecido preto
- ✓ meio copo de milho de pipoca
- ✓ azeite de oliva
- ✓ um osso da canela do boi
- ✓ sete ovos de galinha inteiros
- ✓ sete pedras de carvão
- ✓ uma garrafa de cachaça ou de bagaceira
- ✓ um charuto

COMO FAZER – forre o alguidar com o pano preto. Estoure as pipocas no azeite e ponha no alguidar. Coloque o osso por cima, os pedaços de carvão e os ovos ao redor. Regue tudo com um pouco de azeite. Entregue este presente para **Exu Caveira**, no mato, embaixo de uma árvore frondosa e sem espinhos. Borrife um pouco da bebida no presente e despeje o resto ao redor. Acenda o charuto e dê sete baforadas, fazendo seus pedidos com muita fé.

Presente 8
Para cortar influências espirituais negativas

Elementos necessários

- ✓ um metro de pano preto
- ✓ um metro de pano branco
- ✓ farinha de mandioca
- ✓ uma pitada de sal
- ✓ meio copo de cachaça
- ✓ mel de abelhas
- ✓ um pedaço de costela bovina, bem magra
- ✓ uísque

COMO FAZER – (Este presente deve ser preparado no próprio local de entrega, no canto de uma encruzilhada de terra ou em uma encruzilhada dentro do cemitério ou em uma mata limpa.)

Com a mão, faça uma farofa usando a farinha, sal e um pouco de cachaça. Faça outra, substituindo a cachaça pelo mel. Leve a costela já cozida com um pouco de sal. Coloque no chão, em cruz, o pano preto e o branco. Ponha as farofas lado a lado, com a costela por cima e ofereça a **Exu Caveira**, fazendo seus pedidos. Dê uma borrifada no presente com uísque, regando ao redor com o restante da bebida.

Presente 9
Para abrir seus caminhos, iluminar sua vida

Elementos necessários

- ✓ um alguidar médio
- ✓ um metro de pano preto
- ✓ farinha de mandioca
- ✓ uma pitada de sal
- ✓ meio copo de feijão preto cru
- ✓ sete bifes crus de porco
- ✓ azeite de oliva
- ✓ sete pimentas-malagueta

COMO FAZER – forre o alguidar com o pano. Misture a farinha, o sal, o feijão e um pouco de azeite e faça uma farofa com as mãos. Coloque em cima do pano. Borrife um pouco de sal nos bifes e frite-os ligeiramente no azeite de oliva. Ponha em cima da farofa e enfeite com as pimentas. Regue com um pouco de azeite. Leve para uma encruzilhada e coloque em um dos cantos, regando com um pouco de cachaça, e faça seus pedidos a **Exu Caveira**.

Presente 10
Para afastar falsidades, feitiços

Elementos necessários

- um alguidar grande
- três pedaços de pano: um preto, um vermelho e um branco
- farinha de mandioca
- uma pitada de sal
- meio copo de cachaça
- sete pés de porco inteiros, frescos e lavados
- um pedaço de lombo de porco fresco e temperado
- azeite de oliva
- duas cebolas roxas
- um pimentão verde
- bagaceira
- charuto

COMO FAZER – forre o alguidar com os panos em forma de X. Misture a farinha com o sal e a cachaça e faça uma farofa com as mãos. Coloque em cima do pano. Tempere os pés e o lombo com um pouco de sal e frite-os levemente no azeite. Ponha em cima da farofa e enfeite com rodelas grossas de cebola e de pimentão. Leve a uma encruzilhada, de preferência de terra, em local afastado e faça seus pedidos a **Exu Caveira** usando toda sua fé. (Se o presente for para pedir abertura de caminhos, surgimento de novos horizontes, coloque em cima uma chave de cera, ou uma chave de metal usada e velha.)

Presente 11
Para ajudar a resolver causas difíceis

Elementos necessários

- um alguidar médio
- um pedaço de pano preto
- folhas de alface
- farinha de mandioca
- mel de abelhas
- óleo de soja
- um pedaço de lombo de porco
- uma cebola roxa grande

COMO FAZER – forre o alguidar com o pano preto e enfeite por cima com folhas de alface lavadas e secas. Tempere o lombo com um pouco de sal e alho bem socado e deixe marinando por uma hora. A seguir, frite o lombo rapidamente no óleo bem quente, deixando-o mal-passado, como um rosbife. Fatie em sete pedaços, sem separar. Coloque no alguidar. Fatie a cebola em rodelas grossas e frite rápido no óleo em que fez o lombo. Abra os pedaços da carne e vá colocando as cebolas, enfeitando o presente. Leve para um local limpo e bonito, de preferência fora do centro urbano – uma mata, um campo, uma estrada. Ofereça a **Exu Caveira** e peça para ele dar solução ao seu problema, que lhe ajude a resolver uma causa difícil, etc. Tão logo conseguir resolver o que pediu, refaça o presente, agora como agradecimento.

Presente 12
*Para agilizar o Exu e fazê-lo atender
seus pedidos com maior rapidez*

Elementos necessários

- um alguidar
- meio quilo de bofe de boi cru e em pedacinhos
- sete pimentas malaguetas ou sete tipos de pimenta
- uma cebola picada
- três copos de fubá grosso
- azeite de oliva
- azeite de dendê
- charuto

COMO FAZER – misture bem o bofe com três copos de fubá grosso, uma pitada de sal, a cebola, três colheres de sopa de azeite de oliva, uma colher de sopa de azeite de dendê e uma pimenta-malagueta picada. Deve ficar uma farofa não muito molhada (se necessário acrescente mais fubá). Coloque no alguidar e enfeite com as pimentas, em volta. Leve a uma estrada longa e coloque à margem, à beira da calçada ou próximo a uma árvore em horário de pouco movimento.

Acenda o charuto e a cada baforada peça que **Exu Caveira** atenda seus pedidos com maior agilidade, mais rapidamente. Converse com Exu, conte-lhe seus problemas e peça sua ajuda. Ele, com certeza, vai ajudar você.

Lodo

EXU DO LODO – Está ligado às águas. Sua grande força, contudo, está na união das águas com a terra e no limo das pedras, onde se forma o lodo. Trabalha contra as energias paradas e ajuda nos processos sem andamento, sem horizontes. Ajuda na limpeza, no descarrego físico, e principalmente nas doenças de pele.

Presente 13
*Ajuda para aliviar doenças físicas/psicológicas;
motivar pessoas depressivas*

Elementos necessários
- um alguidar médio
- um pedaço de morim branco
- farinha de mandioca grossa
- óleo de trombeta
- mel
- sete ovas de peixe cruas
- azeite de oliva
- cebola branca
- azeitonas verdes
- sete ramos de trigo
- um charuto de boa qualidade
- vinho branco ou uísque

COMO FAZER – cubra o alguidar com o pedaço de morim branco. Faça uma farofa com as mãos usando a farinha, o óleo de trombeta, uma pitada de sal e o mel e ponha em cima do morim. Rodeie com as ovas de peixe, rodelas grossas de cebola, as azeitonas verdes e os ramos de trigo. Regue tudo com azeite de oliva e, se puder, deixe perto de um manguezal, ou coloque embaixo de uma árvore, perto do rio ou do mar, depois das quatro da tarde. Faça seus pedidos a **Exu do Lodo** e despeje em volta do presente a bebida.

Presente 14
Para atrair coisas boas e especiais para sua vida

Elementos necessários

- um alguidar médio
- farinha de mandioca
- azeite de oliva
- mel
- sal
- sete cebolas roxas descascadas
- sete pimentas dedo-de-moça
- purpurina prata
- um charuto
- uma vela branca
- vinho tinto de boa qualidade

COMO FAZER – faça uma farofa com as mãos misturando a farinha, o azeite, o mel e o sal. Coloque no alguidar e rodeie com as cebolas. Faça um buraco em cada cebola e coloque dentro uma pimenta, para enfeitar e atiçar o presente. Polvilhe um pouco de purpurina nas cebolas e na farofa. Coloque este presente perto de um manguezal, ou de um local com água, e ofereça a **Exu do Lodo**. Acenda o charuto e a vela, fazendo seus pedidos, e despeje o vinho em volta do alguidar.

Presente 15

Para Exu trazer prosperidade, crescimento profissional

Elementos necessários

- um saco de pano grande e branco
- um copo de farinha de mandioca
- um copo de açúcar
- um copo de fubá
- um copo de pó de café
- um copo de feijão-branco
- um copo de feijão-preto
- sete folhas de louro
- um copo de milho vermelho
- um copo de milho de pipoca
- um copo de arroz com casca
- duas colheres de sopa de mel
- duas colheres de sopa de melado
- duas colheres de sopa de azeite de oliva
- três colheres de sopa de sal
- sete moedas
- sete ímãs

COMO FAZER – misture todos os ingredientes num recipiente grande e coloque dentro do saco. Passe, simbolicamente, o saco pelo corpo, de baixo para cima, pedindo a **Exu do Lodo** que aquele seja o "saco da fartura, o saco da prosperidade" de sua vida, de sua casa, de seu comércio. Pendure-o num galho de árvore, em um local alto, de preferência perto do mar ou de um rio ou riacho e continue chamando pelo Exu. Leve algumas moedas, passe-as pelo corpo de baixo para cima e coloque no pé da árvore. É muito bom renovar este presente de ano em ano.

Giramundo

EXU GIRAMUNDO – Seu Giramundo não é um Exu muito fácil de se ver nos dias de hoje. Ele trabalha desmanchando negatividades e desenrolando os casos de justiça demorados e difíceis, sendo chamado por isso de "o grande executor", o poderoso justiceiro. Não aceita também as infidelidades sem motivos justos.

Presente 16
Para desembaraçar e agilizar um processo na justiça

Elementos necessários

- um alguidar médio
- folhas de alface ou de ingá
- uma abóbora-moranga ou abóbora-baiana
- sete roletes de cana-de-açúcar
- um pedaço de mandioca (aipim, macaxeira), cozida e descascada
- uma batata-doce, cozida e descascada
- rapadura
- fumo de rolo
- uma pequena machadinha, de metal
- mel
- vinho tinto
- charuto

COMO FAZER – forre o alguidar com as folhas. Faça com uma faca afiada um rosto na abóbora (olhos, nariz, boca) e retire a tampa superior e um pouco das sementes. Coloque dentro da abóbora os roletes de cana, a mandioca, a batata-doce, pedacinhos de rapadura, um pouco de fumo de rolo desfiado e a machadinha no centro. Regue com mel e vinho tinto. (Se na sua casa tiver uma árvore deixe este presente por 24 horas embaixo dela e faça seus pedidos.) Leve para uma estrada longa ou coloque em uma mata, perto de uma árvore frondosa, chamando pelo **Exu Giramundo**. Acenda o charuto e coloque na boca do rosto que você fez na abóbora, fazendo seus pedidos.

Presente 17
Para ter maior disposição no seu dia a dia; para melhorar sua libido

Elementos necessários
- um alguidar médio
- um pedaço de tecido estampado
- duas colheres de sopa de pó de guaraná
- açúcar cristal
- maisena
- óleo de amêndoa doce
- cerejas em calda
- uma bebida doce
- um charuto

COMO FAZER - coloque o pano dentro do alguidar. Misture a maisena, uma pitada de sal, o pó de guaraná, meio copo de açúcar cristal, quatro colheres do óleo de amêndoas e um pouco da calda da cereja, fazendo uma farofa meio úmida. Coloque a farofa no alguidar e enfeite com as cerejas, no centro e em volta do presente, conversando e pedindo o que deseja a **Exu Giramundo**. Entregue o presente em uma praça, em uma encruzilhada discreta ou em uma rua bem arborizada. Acenda o charuto e despeje a bebida em volta do presente.

Presente 18
Para afastar más companhias ou más influências dos caminhos do(a) seu(sua) filho(a)

Elementos necessários

- um alguidar médio
- folhas de alface lavadas
- uma abóbora-moranga ou baiana
- farinha de mandioca
- uma pitada de sal
- mel
- azeite de oliva
- um cachimbo de barro
- fumo de rolo desfiado
- um pedaço pequeno de carne bovina crua
- sete tipos de frutas
- açúcar cristal
- vinho tinto
- charuto

COMO FAZER – (Este presente também serve para afastar amante dos caminhos do seu amor.) Coloque no alguidar algumas folhas de alface. Dê um pré-cozimento na abóbora inteira. Após esfriar, abra uma tampa na parte superior e tire as sementes. (Guarde as sementes num pedaço de pano e pendure atrás da porta, para atrair sorte, prosperidade.) Misture a farinha com mel e azeite de oliva, fazendo uma farofinha. Coloque-a dentro da abóbora. Ponha por cima o fumo de rolo desfiado e as frutas cortadas em pedaços. Polvilhe com o açúcar cristal. Leve para uma estrada longa e procure uma encruzilhada de terra ou coloque embaixo de uma árvore, na estrada. Regue com o vinho tinto o presente e também em volta. Acenda o charuto e faça seus pedidos a **Exu Giramundo**.

Presente 19
Para uma pessoa lhe esquecer e não atrapalhar sua vida

Elementos necessários

- um saco preto de pano
- um miolo de boi fresco
- folhas de dormideira
- um pouco de pó de carvão.

COMO FAZER – escreva o nome da pessoa sete vezes, a lápis, em um papel, coloque dentro do miolo e ponha dentro do saco, acrescentando as folhas de dormideira e cobrindo tudo com pó de carvão. Embrulhe o saco e amarre com barbante. Enterre embaixo de uma árvore seca, pedindo a **Exu Giramundo** que a pessoa lhe esqueça, suma de sua vida, etc. Se quiser, coloque por cima um pouco de cachaça, em oferenda ao Exu.

Mangueira

EXU MANGUEIRA – Um Exu muito antigo, rude, exige sutileza no seu trato e é de aparição muito rara. Em contrapartida, atende com presteza aos pedidos que lhe fazem com fé.

Presente 20
Trazer ajuda para a estabilidade profissional

Elementos necessários
- um alguidar médio
- um pedaço de pano verde
- farinha de mandioca com uma pitada de sal
- melado
- meio copo de cachaça
- um pedaço de carne de boi com gordura, cru
- duas mangas (qualquer tipo de manga) descascadas e fatiadas
- charuto
- vinho tinto ou verde

COMO FAZER – coloque o pano verde em cima do alguidar. Misture a farinha com um pouco de melado e a cachaça e faça uma farofa bem soltinha com as mãos. Ponha a farofa no alguidar, com o pedaço de carne por cima. Enfeite com os pedaços de manga. Se você conseguir achar um local com vários pés de manga será ótimo, mas o presente também poderá ser colocado em um local arborizado. Acenda o charuto e dê algumas baforadas, fazendo seus pedidos a **Exu Mangueira**. Rodeie o presente com o vinho, colocando um pouco em cima do presente.

Presente 21
Pedindo segurança para o seu dia a dia

Elementos necessários

- ✓ um pedaço de pano verde
- ✓ sete pregos grandes virgens
- ✓ farinha de mandioca
- ✓ uma pitada de sal
- ✓ mel
- ✓ azeite de oliva
- ✓ uma cebola roxa
- ✓ um pimentão verde
- ✓ uma garrafa de jurubeba
- ✓ um charuto

COMO FAZER – Procure, em uma mata o tronco de uma mangueira seca ou um tronco caído no chão. Espete os sete pregos em círculo no tronco. Forre o círculo com o pano verde. Misture a farinha, o mel e o azeite com as mãos, faça uma farofa e coloque em cima do pano. Enfeite com rodelas grossas de cebola e de pimentão. Acenda o charuto e vá regando com a bebida em volta do tronco, fazendo seus pedidos ou agradecimentos a **Exu Mangueira**.

Presente 22
Para ajudar pessoas que sofrem com traições amorosas ou de amigos

Elementos necessários

- um cesto pequeno
- pano vermelho
- farinha de mandioca
- azeite de dendê
- mel de abelha
- sete pedaços pequenos de bucho crus
- sete fatias de melão
- sete pedaços de cana-de-açúcar.
- cachaça
- charuto

COMO FAZER – forre o cesto com o pano vermelho. Misture dois copos de farinha com duas colheres de sopa de azeite de dendê, uma pitada de mel, um pouco de azeite e os pedaços de bucho. Ponha esta farofa no cesto. Enfeite ao redor com as fatias de melão e os pedaços da cana-de-açúcar. Deixe este presente embaixo de uma mangueira bem bonita, chamando por **Seu Mangueira** e faça a ele seus pedidos. Borrife com um pouco de cachaça e coloque o restante em volta do presente. Acenda o charuto e dê sete baforadas, sempre pedindo o que deseja.

Presente 23

Para Exu trazer abundância no seu dia a dia; não faltar o pão de cada dia

Elementos necessários

- um saco grande branco
- um copo de farinha de mandioca
- um copo de açúcar
- um copo de fubá
- um copo de pó de café
- um copo de feijão-branco
- um copo de feijão-preto
- sete folhas de louro
- um copo de milho vermelho
- um copo de milho de pipoca
- um copo de arroz com casca
- duas colheres de sopa de mel
- duas colheres de sopa de melado
- duas colheres de sopa de azeite de oliva
- três colheres de sopa de sal
- sete moedas
- sete ímãs
- sete folhas de manga espada lavadas e bem secas

COMO FAZER – misture todos os ingredientes num recipiente grande e coloque dentro do saco. Passe simbolicamente o saco pelo corpo, de baixo para cima, pedindo a **Exu Mangueira** que aquele seja o "saco da fartura, o saco da prosperidade" de sua vida, de sua casa. Pendure este presente no galho de uma mangueira, em um local alto, em uma mata bem bonita e chame por **Seu Mangueira**. Ponha algumas moedas no pé da árvore, em intenção das forças das matas, dos senhores das florestas. Se quiser faça novamente este presente, após um ano.

Marabô

EXU MARABÔ – Um dos Exus mais raros de se ver nos dias de hoje é o poderoso Marabô. Tem prazer em ajudar no tratamento de doenças e, nestes momentos, nos envolve com sua proteção. Considerado um autêntico cavalheiro, é muito elegante, de falar manso e pausado. Mas todo cuidado é pouco ao lidar com ele, pois é um Exu de difícil trato. Gosto e comportamento refinados, grande apreciador de charutos requintados e de bebidas finas e suaves.

Presente 24
Para melhora de doenças físicas ou psicológicas; ajudar na depressão

Elementos necessários

- um alguidar médio
- um pedaço de morim branco
- farinha de mandioca grossa
- óleo de trombeta
- mel
- sete ovas de peixe, cruas
- azeite de oliva
- cebola branca
- azeitonas verdes
- sete ramos de trigo
- um charuto de boa qualidade
- vinho branco ou uísque

COMO FAZER – cubra o alguidar com o pedaço de morim branco. Faça uma farofa com as mãos usando a farinha, o óleo de trombeta, uma pitada de sal e mel e ponha em cima do morim. Rodeie com as ovas de peixe, rodelas grossas de cebola, as azeitonas verdes e os ramos de trigo. Regue tudo com azeite de oliva e leve a um campo gramado, colocando embaixo de uma árvore, depois de quatro da tarde. Faça seus pedidos a **Exu Marabô** e despeje em volta do presente a bebida.

Presente 25
Para cortar tristezas, melancolia, depressão

Elementos necessários
- um alguidar médio
- um lenço de cetim branco
- dois copos de amido de milho
- uma pitada de sal
- óleo de amêndoa
- mel de abelhas
- um peixe pequeno, de água salgada, bem fresquinho e somente lavado (não abrir, nem escamar)
- uma cebola roxa
- dez pimentas-malagueta
- sete pedaços de canela em pau
- vinho branco
- um charuto de boa qualidade

COMO FAZER – forre o alguidar com o lenço. Prepare com o amido, o sal, um pouco do óleo e o mel de abelhas uma farofa misturada com as mãos, e ponha em cima do lenço. Passe no peixe uma pasta feita com um pouco de azeite e sal e o coloque na posição horizontal em cima da farofa. Ponha em volta a cebola cortada em rodelas, enfeite com as pimentas e a canela em pau. Leve este presente para um local descampado, claro, arejado e peça a ajuda de **Exu Marabô** que, com certeza, vai lhe atender. Despeje o vinho em volta do presente. Acenda o charuto, dê sete baforadas e coloque na beira do alguidar.

Presente 26

Ideal para pessoas que trabalham em locais de muito movimento, na noite, ou ligadas à arte

Elementos necessários

- ✓ um prato raso, grande e branco
- ✓ folhas de alface
- ✓ um peixe lavado (não abrir e nem escamar)
- ✓ farinha de mandioca grossa
- ✓ azeite de oliva
- ✓ azeitonas pretas e azeitonas verdes
- ✓ uma cebola roxa
- ✓ vinho branco ou uísque
- ✓ um charuto de boa qualidade

COMO FAZER – forre o prato com as folhas de alface. Numa panela coloque um pouco de cebola picada, sal e azeite de oliva e deixe esquentar um pouco. Acrescente o peixe com cuidado e deixe cozinhar rapidamente, para não desmanchar. Deixe esfriar e coloque-o em cima das folhas. Faça uma farofa com as mãos, usando a farinha, uma pitada de sal e um pouco de azeite doce. Coloque um pouco da farofa em cada lado do peixe. Rodeie com a cebola cortada em rodelas e as azeitonas. Ofereça este presente em um campo aberto, bem bonito, acenda o charuto e faça seus pedidos a **Exu Marabô**. Coloque um pouco da bebida no presente. Beba um pouco se quiser, e espalhe o restante em volta do presente.

Presente 27
Para levantar seu astral, trazer mais alegria, mais exuberância

Elementos necessários
- um alguidar médio
- um pano com estampas bem suaves e coloridas
- farinha de mandioca
- um cacho pequeno de uva rubi
- azeite de oliva
- mel de abelhas
- uma maçã vermelha
- cem gramas de grão-de-bico
- arroz com casca
- sete ramos de trigo
- sete cravos vermelhos
- perfume de uso pessoal

COMO FAZER – coloque o pano dentro do alguidar. Lave bem e pique a uva e a maçã. Misture bem a farinha com uma pitada de sal, o azeite, o mel, o grão-de-bico, duas colheres de sopa do arroz, as uvas e a maçã, fazendo uma farofa úmida. Ponha em cima do pano e enfeite com os cravos, sem o talo, sempre pedindo o que deseja. Se você quiser, pode usar outra flor vermelha, como papoula. Leve para uma praça ou para um campo aberto, borrife o perfume, continue fazendo seus pedidos ao **Exu Marabô** e coloque em local discreto e limpo.

Marabô Toquinho

EXU MARABÔ TOQUINHO – Ágil, astucioso, extremamente forte e muito consciente de suas obrigações. Postura refinada, elegante, apreciador de uma boa conversa e de boas bebidas. Tem como objetivo resolver problemas espirituais, amorosos e físicos, utilizando seu conhecimento, sua magia e seu poder mágico de Exu!

Presente 28
Para atrair um amor ou uma amizade importante

Elementos necessários

- um alguidar médio
- um lenço branco de algodão
- farinha de mandioca grossa crua
- azeite de oliva
- mel
- uvas verdes picadas
- vinho rosé
- um cravo azul
- um charuto

COMO FAZER – ponha o lenço dentro do alguidar. Misture com as mãos a farinha, uma pitada de sal, um pouco de azeite de oliva, mel e as uvas picadas, fazendo uma farofa meio úmida. Ponha em cima do lenço com o cravo no meio, leve para um gramado e coloque perto de uma pedra. Ofereça ao **Exu Marabô Toquinho** e faça seus pedidos. Acenda o charuto e ponha ao lado do presente. Tome um gole do vinho, borrife um pouquinho no presente e despeje o restante em volta.

Presente 29
Para trazer paz e tranquilidade, acalmar pessoas e ambientes conturbados

Elementos necessários

- ✓ uma panela de barro pequena sem tampa
- ✓ um pedaço de pano branco ou azul
- ✓ farinha de mandioca
- ✓ mel de abelhas
- ✓ um vidro pequeno de água de flor de laranjeiras
- ✓ sete tipos de frutas
  (uva, maçã, pera, laranja, mamão, exceto banana)
- ✓ sete ramos de trigo
- ✓ sete cravos brancos ou vermelhos
- ✓ um vinho verde
- ✓ um charuto

COMO FAZER – junte a farinha, uma pitada de sal, um pouco de mel, a água de flor de laranjeiras e misture bem, fazendo uma farofa úmida (não é preciso ficar enxarcada!). Forre a panela e coloque a farofa dentro dela. Enfeite com as frutas bem picadas, os cravos e os ramos de trigo, dizendo a **Exu Marabô Toquinho** o que deseja. Leve para uma encruzilhada, para uma praça ou para um campo limpo. Borrife um pouco do vinho no presente e espalhe o restante em volta do presente. Acenda o charuto e continue conversando com o Exu.

Presente 30
*Para eliminar a tristeza e
para trazer esperança e alegria*

Elementos necessários

- um prato grande branco
- um lenço azul-claro
- farinha de mandioca grossa, crua
- meio copo de açúcar cristal
- uma pera bem-lavada
- um cravo branco
- um incenso de sândalo
- um charuto
- vinho branco

COMO FAZER – misture a farinha, um pouco de sal, o açúcar cristal e a pera, com casca, cortada em cubinhos. Forre o prato com o lenço e coloque a farofa, enfeitando com o cravo. Leve para um local alto, ponha em um canto limpo, acenda o incenso e o charuto, e faça seus pedidos a **Exu Marabô Toquinho**, com muita fé.

Presente 31
Para clarear a vida, os caminhos, trazer felicidade

Elementos necessários

- um alguidar médio
- um pedaço de pano branco e azul
- farinha de mandioca
- azeite de oliva
- sal
- kiwi
- uma vela branca
- um charuto
- vinho branco

COMO FAZER – misture com as pontas dos dedos a farinha, o azeite e uma pitada de sal, fazendo uma farofa meio úmida. Forre o alguidar com o pano e coloque a farofa. Lave e seque o kiwi, corte-o em rodelas e coloque ao redor. Leve a uma encruzilhada ou deixe o presente em um campo bonito. Acenda a vela e o charuto, fazendo seus pedidos, oferecendo ao **Exu Marabô Toquinho**. Borrife algumas gotas do vinho no presente e o resto jogue ao redor.

Mirim

EXU MIRIM – gosta de ajudar as pessoas e tem grande influência sobre as mulheres e as crianças. Possui o dom da fala e da comunicação. Muito poderoso para as "amarrações" sentimentais.

Presente 32

*Para aproximar pessoas.
Ajudar você a encontrar o tão desejado amor*

Elementos necessários

- ✓ um prato grande
- ✓ um pedaço de pano estampado
- ✓ farinha de mandioca grossa
- ✓ um copo de fubá de milho
- ✓ mel
- ✓ três cocadas brancas
- ✓ quatro cocadas pretas
- ✓ uma maçã vermelha
- ✓ um espumante ou uma bebida doce
- ✓ uma bandeirinha de tecido branco
- ✓ um charuto
- ✓ vinho rosé

COMO FAZER – forre o prato com o pano. Faça uma farofa com as mãos, misturando a farinha, um pouquinho de sal, o fubá e o mel e ponha em cima do pano. Rodeie a farofa com a maçã cortada em fatias finas; enfeite com as cocadas (se quiser, você pode colocar um brinquedinho no centro). Coloque num gramado ou leve para uma mata bem bonita e limpa. Borrife um pouco da bebida no presente e o restante coloque vagarosamente em volta, fazendo seus pedidos a **Exu Mirim**. Ponha a bandeira no centro do presente, acenda um charuto, dê sete bafuradas e coloque ao lado. Borrife um pouco do vinho no presente e o restante despeje em volta.

Presente 33
*Para trazer harmonia,
tranquilidade, adoçar a sua vida*

Elementos necessários

- ✓ um prato grande
- ✓ farinha de mandioca
- ✓ uma garrafa pequena de refrigerante de guaraná
- ✓ cachaça ou bagaceira
- ✓ sete doces achocolatados
- ✓ uma bomba de chocolate
- ✓ sete bolas de gude
- ✓ um carrinho de brinquedo pequeno

COMO FAZER – misture a farinha com um pouco de guaraná, uma pitada de sal e a cachaça/bagaceira, preparando assim uma farofa úmida. Coloque no prato e enfeite com os doces e com as bolas de gude. Ponha o carrinho no centro. Leve para uma praça e deixe num local discreto e limpo, fazendo os pedidos para **Exu Mirim**. Espalhe o resto da cachaça/bagaceira em volta do presente. Se quiser, acenda um charuto ou um cigarro.

Presente 34
Para ajudar a conseguir um emprego ou para o crescimento financeiro

Elementos necessários
- um prato grande
- um pedaço de pano vermelho
- farinha de mandioca grossa, crua
- melado
- figos em calda ou cristalizados
- um abacaxi com casca cortado em fatias
- jujubas coloridas
- uma bandeira branca
- vinho rosé ou uma bebida doce

COMO FAZER – junte a farinha, um pouco de sal e o melado fazendo uma farofa com as mãos. Coloque o pano no prato e a farofa por cima. Enfeite ao seu gosto com as fatias de abacaxi e os figos. No centro, coloque a bandeira branca e espalhe as jujubas, dando um colorido todo especial ao presente (se quiser, ponha um brinquedinho). Leve para um campo e coloque embaixo de uma árvore ou na bifurcação de um caminho, fazendo seus pedidos a **Exu Mirim**.

Presente 35
Para melhorar a saúde, dar equilíbrio, harmonizar

Elementos necessários

- um alguidar
- um lenço azul ou estampado de azul e vermelho
- meio quilo de fubá
- duas colheres de sopa de melado
- azeite de oliva
- uma pitada de sal
- sete cocadas pretas
- sete pés de moleque
- um cravo branco

COMO FAZER – forre o alguidar com o lenço. Num recipiente coloque o fubá, o melado, o sal e um pouco de azeite e misture com as pontas dos dedos, fazendo uma farofa não muito seca. Coloque no alguidar, rodeie com as cocadas e os pés de moleque, colocando o cravo no meio. Entregue para **Exu Mirim** em uma encruzilhada ou em uma praça, colocando embaixo de uma árvore. Se puder, acenda uma vela vermelha e preta, fazendo seus pedidos com muita fé.

Presente 36
Para revigorar, trazer energia e disposição para seu dia a dia

Elementos necessários

- um alguidar médio
- um pedaço de cetim ou de seda estampado
- duas colheres de sopa de pó de guaraná
- açúcar cristal
- maisena
- óleo de amêndoa doce
- cerejas em calda
- uma bebida doce
- um charuto

COMO FAZER – coloque o pano dentro do alguidar. Misture a maisena, uma pitada de sal, o pó de guaraná, meio copo de açúcar cristal, quatro colheres do óleo e um pouco da calda da cereja, fazendo uma farofa meio úmida. Coloque a farofa no pano e enfeite com as cerejas no centro e em volta do presente, conversando e pedindo o que deseja a **Exu Mirim**. Entregue o presente em uma praça, ou em uma encruzilhada discreta e em rua bem arborizada. Acenda o charuto e despeje a bebida em volta do presente.

Presente 37
Para acalmar um amante/amor, mantê-lo preso a você

Elementos necessários

- um alguidar médio
- um pedaço de pano com estampas miúdas
- farinha de mandioca
- mel de abelhas
- azeite de oliva
- meio copo de achocolatado em pó
- cachaça
- sete bombons
- um cata-vento
- uma vela rosa, uma branca e uma azul ou uma vela de mel

COMO FAZER – Forre o alguidar com o tecido. A seguir misture bem a farinha com três colheres de sopa de achocolatado, uma pitada de sal, um pouco de mel, de azeite de oliva e de cachaça, fazendo uma farofa úmida. Coloque em cima do pano. Contorne com os bombons e ponha no centro o cata-vento. Leve a seguir para um campo, de preferência em uma subida, e deixe em local limpo, onde possa acender as velas sem perigo de queimadas. Faça seus pedidos a **Exu Mirim** e, tão logo consiga o que pediu, pode repetir o presente, em agradecimento.

Morcego

EXU MORCEGO – Como muitos Exus, o Morcego elegeu a noite como seu horário de trabalho. É uma entidade que deve ser tratada com muito cuidado, pois os trabalhadores da noite escondem muitos mistérios e magias! Antissocial, ele gosta de trabalhar, e não de conversar. Ele diz que "vai ajudar rápido... e voando"! E sempre cumpre com o que diz!

Presente 38
Para desbloquear as dificuldades de sua vida

Elementos necessários

- ✓ um pedaço de pano preto
- ✓ farinha de mandioca
- ✓ azeite de oliva
- ✓ mel
- ✓ sete pedaços crus de fígado bovino
- ✓ cachaça

COMO FAZER - faça um saquinho com o pano preto. Misture com as mãos a farinha, uma pitada de sal, o azeite, o mel e os sete pedaços pequenos de fígado cru. Coloque dentro do saco e amarre no galho de uma árvore alta e bem bonita, fazendo seus pedidos e oferecendo a **Exu Morcego**. Regue em volta da árvore com a cachaça e, se quiser, acenda um charuto ou um cigarro.

Presente 39
Pedindo ajuda para afastar seu filho das drogas, das bebidas, das más companhias

Elementos necessários

- um alguidar pintado de preto
- um pedaço de pano preto
- farinha de mandioca crua
- sete tirinhas cruas de fígado bovino
- sete cebolas roxas pequenas
- azeite de oliva
- cachaça
- charuto

COMO FAZER – faça com o pedaço de pano preto um saco em que caiba o alguidar. Misture com as mãos a farinha com uma pitada de sal e o fígado. Coloque no alguidar, enfeite com as cebolas cortadas em quatro, regue com o azeite e um pouco de cachaça. Leve para um local limpo e pendure no galho ou ponha no pé da árvore, após as quatro da tarde, chamando pelo **Exu Morcego**. Derrame a cachaça em volta da árvore e coloque o charuto aceso próximo ao presente, com cuidado para não causar prejuízos à natureza.

Presente 40
Trazer movimento para sua vida, para seu comércio

Elementos necessários
- um alguidar médio
- folhas de alface
- farinha de mandioca crua
- sete pedaços crus de fígado bovino
- duas laranjas
- mel
- cachaça

COMO FAZER – enfeite o alguidar com as folhas de alface. Misture a farinha com uma pitada de sal, um pouco de mel e o fígado cortado bem picadinho, fazendo uma farofa meio molhadinha, e coloque no alguidar. Descasque as laranjas, corte em rodelas e enfeite a farofa, regando com um pouco de mel. Leve para uma mata no final da tarde, coloque embaixo de uma árvore e faça seus pedidos a **Exu Morcego**. Regue o presente com a cachaça e jogue o restante em volta.

Presente 41
Para Exu ajudar no vigor, atiçar a virilidade

Elementos necessários

- um alguidar médio
- um pedaço de pano vermelho
- farinha de mandioca
- azeite de oliva
- um copo pequeno de açaí
- um pedaço de carne
- cachaça
- sete charutos

COMO FAZER – forre o alguidar com o pano. Misture a farinha com uma pitada de sal, um pouco de azeite e o açaí, fazendo uma farofa úmida, e coloque sobre o pano. Polvilhe o pedaço de carne com um pouco de sal. Ponha um pouco de azeite em uma frigideira e passe rapidamente a carne, apenas para dourar um pouco. Quando esfriar, coloque em cima da farofa. Entregue este presente, à noite, em uma estrada ou uma encruzilhada em local afastado, ofertando a **Exu Morcego** ou **Exu da Meia-Noite** e faça seus pedidos. Entorne a cachaça ao redor e acenda os charutos.

Pimenta

EXU PIMENTA – Exu que possui o segredo da confecção dos filtros de amor e que tem o poder de afastar os inimigos, e nos ajudar a superar as dificuldades de nosso dia a dia.

Presente 42
Para ajudar a manter a virilidade masculina

Elementos necessários

- um alguidar
- um pedaço de pano, vermelho
- farinha de mandioca
- melado
- um boneco sentado
- testículos pequenos feitos de cera
- sete ímãs
- sete velas vermelhas

COMO FAZER – (Este presente é para ser feito no segundo dia da Lua Crescente, quando a Lua está em seu momento mais forte.) Forre o alguidar com o tecido e coloque por cima uma farofa úmida, feita com a farinha misturada com o melado e uma pitada de sal. Ponha o boneco no centro, com os testículos no meio das pernas e os ímãs em volta do boneco. Se puder, deixe em sua casa por 24 horas e acenda as velas ao redor ou leve para um local alto e afastado e ponha em cima de uma pedra pontuda. Faça seus pedidos e peça a ajuda e a força de **Exu Pimenta** para você mesmo, ou para o seu homem.

Presente 43
*Para afastar espíritos negativos
de sua casa e de sua vida*

Elementos necessários

- um alguidar médio
- um pedaço de pano vermelho
- farinha de mandioca grossa crua
- óleo de girassol
- sete pedaços crus de carne bovina com gordura
- um pratinho com sete tipos de pimenta (principalmente malagueta e dedo-de-moça)
- azeite de oliva
- charuto
- cachaça

COMO FAZER – misture a farinha, um pouco de sal e o óleo, fazendo uma farofa. Forre o alguidar com o pano vermelho e ponha a farofa em cima. Coloque ao redor da farofa os pedaços de carne e enfeite com as pimentas. Regue com um pouco de azeite. Leve para uma encruzilhada de terra ou de barro e coloque em um dos cantos, chamando por **Exu Pimenta**. Acenda o charuto, coloque um pouco da cachaça no presente e despeje o restante em volta. Se quiser, acenda uma vela vermelha e faça seus pedidos.

Presente 44
Para afastar um falso amigo ou inimigos poderosos

Elementos necessários
- um alguidar médio
- um pedaço de pano vermelho
- fubá
- um prato de pimentas variadas (malagueta verde, malagueta vermelha, pimenta-da-costa, pimenta-do-reino em grão branca, dedo-de-moça etc)
- sete pedaços pequenos de bucho bovino cru
- um pedaço de carvão
- azeite de oliva
- cachaça
- charuto
- uma vela vermelha

COMO FAZER – misture o fubá, uma pitada de sal, um pouco de azeite e cachaça e faça uma farofa com as mãos. Coloque o pano no alguidar e despeje a farofa por cima. Enfeite ao redor com as pimentas e os pedaços de bucho, colocando a pedra de carvão no centro. Regue com um pouco de azeite e leve para uma encruzilhada de terra, no final da tarde ou à noite. Acenda o charuto e vá fazendo seus pedidos a **Exu Pimenta**. Coloque um pouco de cachaça no presente e o restante ao redor. Acenda a vela vermelha.

Presente 45
Para seu amor enjoar do(a) amante

Elementos necessários
- uma garrafa escura
- um copo de cachaça bem forte
- sal amargo
- pó de carvão
- sete tipos de pimenta
- charuto
- cachaça

COMO FAZER – coloque na garrafa a cachaça, o sal amargo (que é encontrado em farmácias), um pouco de pó de carvão e as pimentas. Sacuda bem e converse com **Exu Pimenta**, fazendo seus pedidos. Enterre em uma encruzilhada de terra bem longe de sua casa ou embaixo de uma árvore seca. Regue com um pouco de cachaça e deixe um charuto aceso ao lado.

Presente 46
Para quebrar as forças dos seus inimigos,
para Exu levá-los para longe de seus caminhos

Elementos necessários
- um vaso de barro
- terra preta
- um prego
- um ímã
- um pé de pimenta à sua escolha

COMO FAZER – (Presente perfeito para pedir que o inimigo não lhe enxergue, lhe esqueça, lhe deixe em paz, que se afaste dos seus caminhos.) Coloque um pouco de terra no vaso e um papel com o nome do seu inimigo escrito a lápis por cima. Enterre o prego no papel e o ímã por cima. Ponha mais um pouco de terra e o pé de pimenta, pedindo que **Exu Pimenta** cubra as vistas do seu inimigo, para que ele não lhe enxergue. Quando o pé secar despache o vaso numa lixeira ou no caminhão que transporta o lixo, pedindo que **Exu Pimenta** leve seu inimigo para longe e quebre as suas forças. Ao conseguir o que deseja, dê um presente numa encruzilhada de barro para **Exu Pimenta** em agradecimento.

Poeira (ou Ventania)

EXU POEIRA/EXU VENTANIA – é uma entidade andarilha, que gosta de receber seus presentes em estradas empoeiradas, estradas de terra, em porteiras e também em ruas movimentadas. Excelente em ajudar a afastar os inimigos de seus amigos, levados pela poeira.

Presente 47
Para pessoa indesejável sumir na poeira dos caminhos

Elementos necessários

- um prato ou um alguidar pequeno
- folhas de couve
- uma ferradura usada
- um ímã
- farinha de trigo
- azeite de oliva
- cachaça
- charuto

COMO FAZER - misture com as mãos a farinha de trigo com uma pitada de sal e o azeite e faça uma farofa. Forre o prato/alguidar com as folhas de couve e ponha a farofa. Coloque no centro a ferradura e o ímã por cima. Leve o presente, de preferência na parte da manhã, até uma encruzilhada de chão de terra. Borrife um pouco de cachaça e acenda o charuto, fazendo seus pedidos a **Exu Poeira**.

Presente 48

Para afastar pessoa de má índole, de má conduta dos caminhos do(a) seu(sua) filho(a)

Elementos necessários

- um prato grande branco
- folhas de chicória (ou chicarola) bem-lavadas
- creme de arroz
- azeite de oliva
- mel
- melado
- pedra de carvão
- éter
- uma bebida doce
- charuto

COMO FAZER – forre o prato com as folhas de chicória (também podem ser de couve). Prepare uma farofa úmida juntando o creme de arroz, um pouco de sal, de azeite, de mel e de melado, misture bem com as pontas dos dedos e ponha em cima das folhas. Coloque a pedra de carvão no centro. Leve de manhã para uma encruzilhada, em uma estrada de terra, com muita mata no entorno e borrife com o éter. Regue em volta com a bebida e faça seus pedidos a **Exu Poeira**.

Presente 49
Para revigorar, dar disposição e melhorar o desempenho sexual

Elementos necessários

- um alguidar médio
- um pedaço de seda estampado
- duas colheres de sopa de pó de guaraná
- açúcar cristal
- maisena
- óleo de amêndoa doce
- cerejas em calda
- uma bebida doce
- um charuto

COMO FAZER – coloque o pano dentro do alguidar. Misture com os dedos a maisena, uma pitada de sal, o pó de guaraná, meio copo de açúcar cristal, quatro colheres do óleo e um pouco da calda da cereja, fazendo uma farofa meio úmida. Coloque a farofa no alguidar e enfeite pondo as cerejas no centro e em volta do presente, conversando e pedindo o que deseja a **Exu Poeira**. Entregue o presente em uma encruzilhada de terra ou rua arborizada. Acenda o charuto e despeje a bebida em volta do presente. Desejamos muita alegria em sua vida!

Presente 50
Para ajudar pessoas solitárias a encontrarem companhia

Elementos necessários

- um alguidar
- um pedaço de pano azul
- fubá
- óleo de arruda ou óleo de copaíba
- mel de abelhas
- sete marias-moles ou sete suspiros
- sete bombons
- uma vela azul
- vinho rosé

COMO FAZER – (Faça este presente em Lua Nova ou Crescente.) Forre o alguidar com o pano. Misture com as pontas dos dedos o fubá com uma pitada de sal, um pouco do óleo e mel, fazendo uma farofa não muito úmida. Passe simbolicamente a farofa pelo seu corpo, de baixo para cima, pedindo a **Exu Poeira** que afaste a solidão e as tristezas, que traga um/a amigo/a ou um amor para você, que abra seus caminhos, etc. Coloque a farofa em cima do pano e enfeite com os doces, colocando os bombons no centro. Acenda a vela e espalhe o vinho em volta do presente, que deve ser entregue durante o dia, em local de movimento, de boas energias ou ser levado para o alto de um morro ou de uma serra.

Sete Facadas

EXU SETE FACADAS – Exu poderoso, muito respeitado, atencioso, conversador e bom ouvinte. Severo, não aceita brincadeiras, mas pode ser considerado um excelente conselheiro. Na hora do perigo chame por ele, pois este Exu envolve em sua proteção todos que recorrem a ele nas necessidades e nas horas mais difíceis.

Presente 51
Para trazer sorte, sucesso e movimento ao seu comércio

Elementos necessários

- um alguidar médio
- um pedaço de pano preto
- um pedaço de pano vermelho
- folhas de alface
- um frango assado recheado com farofa de bacon
- sete faquinhas, pequenas, de cabo branco
- azeitonas verdes e pretas
- fatias de presunto
- uísque
- charuto

COMO FAZER - forre o alguidar com o pano preto e o vermelho por cima, em formato de X. Coloque o frango no centro, enterre as faquinhas no frango, enfeite com as azeitonas e ponha em volta as fatias de presunto, arrumando tudo muito bem, pois **Exu Sete Facadas** é muito exigente em seus presentes; ele gosta de refinamento, de requinte. Leve para uma encruzilhada em uma estrada longa de terra, que leve para locais prósperos. Ponha em uma das esquinas, regue com um pouco do uísque, se quiser tome também um gole e jogue o restante em volta do presente, acenda o charuto e faça seus pedidos.

Presente 52
Para afastar tristeza, melancolia, solidão

ELEMENTOS NECESSÁRIOS

- ✓ um alguidar médio
- ✓ folhas de alface
- ✓ farinha de mandioca
- ✓ sete espetos para churrasquinho
- ✓ um pedaço de bacon
- ✓ sete pedaços pequenos de carne bovina
- ✓ sete pedaços de linguiça
- ✓ sete cebolas, pequenas, descascadas
- ✓ pimentão verde
- ✓ azeite de oliva
- ✓ uísque
- ✓ charuto
- ✓ ramos de trigo

COMO FAZER – enfeite o alguidar com as folhas de alface e coloque no centro uma farofa feita com as mãos, misturando a farinha, um pouco de sal e pedacinhos de bacon. Faça sete espetinhos com um pedaço de carne bovina, bacon e linguiça. Frite ou prepare na brasa, deixando malpassado. Coloque as cebolas na farofa e finque em cada cebola um espetinho. Em volta coloque rodelas de pimentão verde, enfeitando com os ramos de trigo, para prosperidade, e regue com um pouco de azeite. Leve a uma encruzilhada de terra, borrife com o uísque, acenda o charuto e faça seus pedidos a **Exu Sete Facadas**.

Presente 53

Para trazer força, segurança e proteção em suas viagens e também no seu dia a dia

Elementos necessários

- um alguidar médio
- um pedaço de pano vermelho de boa qualidade
- farinha de mandioca, grossa, crua
- um pedaço de bacon
- duas cebolas
- azeitonas pretas e verdes
- um peixe pargo, vermelho, cioba ou corvina
- folhas de couve
- uma vela preta e vermelha
- vermute
- charuto

COMO FAZER – forre o alguidar com o pano vermelho. Leve ao fogo o azeite e o bacon e deixe fritar um pouco. Acrescente a farinha, mexa bem, coloque rodelas grossas de cebola e as azeitonas. Deixe esfriar e ponha no alguidar. Lave o peixe, sem abrir ou escamar, e dê um cozimento rápido com azeite, sem mexer, para não quebrar ou ferir o peixe. Retire com cuidado e ponha no centro da farofa, na horizontal. Enfeite com as folhas de couve, nas laterais. Leve para uma encruzilhada de terra, afastada do perímetro urbano, acenda a vela e o charuto, fazendo seus pedidos a **Exu Sete Facadas**. Coloque um pouco do vermute no presente e regue ao redor com o restante da bebida, sempre fazendo seus pedidos, com muita fé.

Presente 54

Não deixar faltar o alimento na sua mesa, ajudar no sustento de sua família

Elementos necessários

- um prato bonito e colorido
- jiló
- salsa picadinha
- tomate
- cebola
- pimentão
- azeitonas verdes
- fatias de bacon frito
- vinagre
- azeite de oliva

COMO FAZER – cozinhe o jiló inteiro em água e sal. Retire do fogo e coloque no prato, enfeitando com as fatias de bacon fritas e a salsa picada. Leve para uma encruzilhada ou para uma estrada longa. Coloque ao lado do prato uma vasilha com molho à campanha feito com tomate, cebola, pimentão e azeitonas picadas, misturadas com um pouco de sal, vinagre e azeite. É um dos pratos preferidos do senhor **Sete Facadas**!

Sete Porteiras

EXU SETE PORTEIRAS – encarregado de guardar e proteger tudo o que está fechado: caminhos, portas, segredos. Tem o poder de abrir os caminhos das pessoas que o procuram, mas também pode fechar portas, caminhos, destinos daqueles que o desagradam.. É muito arredio, fala pouco, mas é bom ouvinte; fala sempre a verdade, não o que o consulente quer escutar.

Presente 55

Para abrir os caminhos da sua casa, do seu comércio e trazer abundância, lucros e prosperidade

Elementos necessários

- um saco grande branco
- um copo de farinha de mandioca
- um copo de açúcar
- um copo de fubá
- um copo de pó de café
- um copo de feijão-branco
- um copo de feijão-preto
- sete folhas de louro
- um copo de milho vermelho
- um copo de milho de pipoca
- um copo de arroz com casca
- duas colheres de sopa de mel
- duas colheres de sopa de melado
- duas colheres de sopa de azeite de oliva
- três colheres de sopa de sal
- sete moedas
- sete ímãs
- cachaça

COMO FAZER – misture todos os ingredientes num recipiente grande e coloque dentro do saco. Passe, simbolicamente, o saco pelo corpo, de baixo para cima, pedindo a **Exu Sete Porteiras** que aquele seja o "saco da fartura, o saco da prosperidade" de sua vida, de sua casa. Leve para uma mata e pendure-o num galho de árvore em um local alto, e continue chamando pelo Exu. Despeje a cachaça em volta da árvore, chamando pelo Exu. Leve algumas moedas, passe-as pelo corpo, de baixo para cima e coloque no pé da árvore, ofertando aos senhores das florestas. Procure renovar este presente todo ano.

Presente 56

*Para afastar um parente ou amigo
das bebidas e das drogas*

Elementos necessários

- ✓ uma corvina média bem fresquinha e bem firme
- ✓ azeite de oliva
- ✓ rodelas de tomate, de cebola e de pimentão
- ✓ folhas de alface
- ✓ sal
- ✓ vinho tinto

COMO FAZER – lave bem o peixe, sem escamar e sem tirar as vísceras. Coloque numa panela grande um pouco de azeite, o tomate, a cebola, o pimentão e uma pitada de sal. Deixe fritar levemente e acrescente o peixe. Dê um cozimento rápido, sem deixar o peixe quebrar ou desmanchar. Forre o prato com folhas de alface bem lavadas e coloque o peixe, com cuidado. Deixe esfriar e ofereça em uma encruzilhada bem aberta, para **Exu Sete Porteiras.** Ou, se possível, entregar perto de uma porteira, a morada preferida de **Exu Sete Porteiras.** Borrife um pouco do vinho no peixe e coloque o restante em volta do presente. Faça seus pedidos com fé e amor que, temos certeza de que seu amigo/parente se livrará destes vícios tão amargos.

Presente 57
*Para abrir os caminhos,
ajudar a encontrar um emprego*

Elementos necessários

- um alguidar médio
- um pedaço de pano branco e azul
- farinha de mandioca
- azeite de oliva
- sal
- sete chaves de cera
- uma maçã verde
- uma vela branca e vermelha
- um charuto
- uma cachaça de boa qualidade

COMO FAZER – misture com as pontas dos dedos a farinha, o azeite e uma pitada de sal, fazendo uma farofa meio úmida. Forre o alguidar com o pano e coloque a farofa. Lave e seque a maçãs, corte-as em rodelas e enfeite a farofa a seu gosto. Passe as chaves pelo seu corpo, de baixo para cima, e ponha em cima do presente. Leve-o para um campo aberto, bem bonito, se possível próximo a uma porteira ou a um portão. Acenda a vela e o charuto, fazendo seus pedidos e oferecendo ao **Exu Sete Porteiras**. Borrife um pouco da cachaça no presente e jogue restante ao redor.

Tiriri

EXU TIRIRI – gosta das encruzilhadas de terra e de ferrovias, das pedreiras, das cachoeiras ou dos campos abertos, onde recebe seus presentes. Ele tem o poder de abrir os caminhos, pois é o guardião das encruzilhadas. É o Exu que nos possibilita reaver o que perdemos pela maldade dos outros, ou por nossa própria incapacidade. Ajuda no retorno da vitalidade e nos protege de feitiços e de inimigos. Fascinante e namorador, é poderoso ajudante nas conquistas amorosas e nos trabalhos para proteção dos amantes.

Presente 58
Para Exu Tiriri lhe dar defesa,
proteger contra pessoas perigosas

Elementos necessários
- duas pedras de carvão de tamanho médio
- linha preta
- um pedaço de pano preto
- dois metros de fita preta

COMO FAZER – escreva o nome da pessoa em um papel e coloque-o no meio das pedras de carvão. Amarre-as com a linha preta, deixando bem firmes. Coloque as pedras no pedaço de pano preto e vá amarrando com as fitas pretas, dando nós, e pedindo que fulano(a) (diga o nome) não tenha forças para lhe prejudicar, que **Exu Tiriri** escureça a sua vista, que ela não lhe veja nem lhe alcance. A seguir, enterre no canto de uma encruzilhada de terra, em um lugar onde você não vá mais passar.

Presente 59
Para ajudar pessoas solitárias a arranjar companhia, afastar a solidão

Elementos necessários
- um alguidar
- um pedaço de pano vermelho
- fubá
- óleo de arruda ou óleo de copaíba
- mel de abelhas
- sete marias-mole ou sete suspiros
- sete bombons
- uma vela azul
- vinho rosé

COMO FAZER – forre o alguidar com o pano. Misture o fubá com uma pitada de sal, um pouco do óleo e do mel, fazendo uma farofa não muito úmida. Passe simbolicamente a farofa pelo seu corpo, de baixo para cima, pedindo a **Exu Tiriri** que afaste a solidão, a tristeza, que traga um/a amigo/a ou um amor para você, que abra seus caminhos, etc. Coloque a farofa em cima do pano e enfeite com os doces, colocando os bombons no centro. Acenda a vela e espalhe o vinho em volta do presente.

(Este presente deve ser entregue durante o dia, em local de movimento, de boas energias, ou ser levado para o alto de um morro, de uma serra. Deve ser feito em Lua Crescente ou Nova.)

Presente 60
Para ajudar a manter a virilidade masculina

Elementos necessários
- um alguidar
- um pedaço de pano vermelho
- farinha de mandioca
- melado
- um boneco sentado
- testículos pequenos feitos de cera
- sete ímãs
- sete velas vermelhas

COMO FAZER – (Este presente é para ser feito no segundo dia da Lua Crescente, quando ela está em seu momento mais forte.) Forre o alguidar com o tecido e coloque por cima uma farofa úmida, feita com a farinha, o melado e uma pitada de sal. Ponha o boneco no centro com os testículos no meio das pernas e coloque os ímãs em volta do boneco. Se puder, deixe em sua casa por 24 horas com as velas acesas ao redor ou leve para um local alto e afastado e ponha em cima de uma pedra pontuda. Faça seus pedidos e peça a ajuda e a força de **Exu Tiriri**, pedindo a ele muito vigor e muita energia!

Presente 61
Para a união do casal; para melhorar e ativar o desempenho sexual masculino

Elementos necessários

- um alguidar
- um pedaço de pano vermelho
- farinha de mandioca
- óleo de copaíba
- um pênis de cera
- testículos de cera
- folhas de alface ou de chicória
- cachaça ou rum

COMO FAZER – (Presente muito útil para aquele homem namorador, viril, de muitas mulheres.) Coloque o pano em cima do alguidar e enfeite com as folhas de alface ou chicória. Faça uma farofa com a farinha, uma pitada de sal e um pouco do óleo de copaíba e ponha em cima das folhas. No centro da farofa coloque o pênis e o testículo, formando o órgão sexual. Passe o alguidar, pelo seu corpo simbolicamente, principalmente pelos seus órgãos genitais, fazendo seus pedidos a **Exu Tiriri**. Leve para uma encruzilhada ou para uma estrada e coloque em uma das esquinas. Espalhe a bebida ao redor e acenda um charuto.

Tranca-rua

EXU TRANCA-RUA – É o Exu que guarda as portas dos terreiros. Tem o poder de nos defender contra quem nos deseja o mal e de trancar o caminho de nossos inimigos. Dá também ao ser humano a possibilidade de se defender dele mesmo e de seus erros. "Tranca" os pensamentos e as ações que podem impedir a evolução do homem.

Presente 62

Para Exu trazer abundância e não deixar faltar o pão no seu dia a dia

Elementos necessários

- um saco grande, branco
- um copo de farinha de mandioca
- um copo de açúcar
- um copo de fubá
- um copo de pó de café
- um copo de feijão-branco
- um copo de feijão-preto
- um copo de feijão-fradinho
- sete folhas de louro
- um copo de milho vermelho
- um copo de milho de pipoca
- um copo de arroz com casca
- sete cravos-da-índia
- um pedaço de canela em pau
- uma noz-moscada ralada
- duas colheres de sopa de mel
- duas colheres de sopa de melado
- duas colheres de sopa de azeite de oliva
- três colheres de sopa de sal
- sete moedas
- sete ímãs

COMO FAZER – misture todos os ingredientes num recipiente grande e coloque dentro do saco. Passe simbolicamente o saco pela sua casa ou pelo seu comércio, fazendo seus pedidos a **Tranca-rua**. A seguir, passe pelo seu corpo, de baixo para cima, pedindo que o alimento, a fartura e boas vendas nunca faltem em sua vida, em sua casa e em seu comércio. Leve para um local arborizado e pendure-o em um galho de árvore, em local alto, renovando seus pedidos a **Exu Tranca-rua**, ou a um Exu de sua predileção. Deixe algumas moedas no pé da árvore, em intenção das forças das matas. Renove o presente todo ano.

Presente 63
Para trazer proteção e ajudar na prosperidade

Elementos necessários

- um prato grande de barro
- uma corvina média, fresca e bem firme
- azeite de oliva
- rodelas de tomate, de cebola e de pimentão
- um pouco de pimenta-malagueta
- folhas de alface
- sal
- charuto ou cigarro
- cachaça

COMO FAZER – lave bem o peixe, sem escamar nem tirar as vísceras. Ponha numa panela grande um pouco de azeite de boa qualidade, acrescente o tomate, a cebola, o pimentão, uma pitada de sal e a pimenta esmagada ou picada e leve ao fogo médio. Coloque o peixe por cima dos temperos e cozinhe levemente, sem deixar que ele quebre ou se desmanche. Forre o prato com as folhas de alface bem lavadas e ponha o peixe já frio. Com o caldinho que sobrou na panela você pode fazer um pouquinho de pirão e colocar ao lado do peixe. A seguir, ofereça para **Tranca-rua**, em uma bonita encruzilhada e faça seus pedidos. Acenda um charuto ou cigarro e rodeie o presente com o marafo (cachaça) ou coloque num copinho, ao lado.

Presente 64
*Para união, para melhorar e ativar
o desempenho sexual masculino*

Elementos necessários

- um alguidar
- um pedaço de pano vermelho
- farinha de mandioca
- óleo de copaíba
- um pênis de cera
- testículos de cera
- folhas de alface ou chicória
- cachaça ou rum
- uma rosa vermelha
- um cravo vermelho

COMO FAZER – (Presente muito útil para aquele homem namorador, de muitas mulheres.) Coloque o pano em cima do alguidar e enfeite com as folhas de alface ou chicória. Faça uma farofa, com as pontas dos dedos, com a farinha, uma pitada de sal e um pouco do óleo de copaíba, enfeite com as flores e ponha em cima das folhas. No centro da farofa coloque o pênis e o testículo, formando o órgão sexual. Passe o alguidar pelo seu corpo, principalmente pelos seus órgãos genitais, fazendo seus pedidos a Exu **Tranca-rua**. Leve para uma encruzilhada ou para uma estrada e coloque num dos cantos. Espalhe ao redor a bebida e acenda um charuto.

Presente 65
Para afastar melancolia e tristeza, trazer claridade para sua vida, para seus caminhos

Elementos necessários

- ✓ um alguidar grande
- ✓ farinha de mandioca
- ✓ sal
- ✓ azeite de oliva
- ✓ três gotas de azeite de dendê
- ✓ dezessete limões
- ✓ um cadeado novo
- ✓ sete charutos
- ✓ uísque ou bagaceira
- ✓ uma vela preta e vermelha

COMO FAZER – misture a farinha, o sal, o azeite de oliva e o de dendê e, faça uma farofa meio úmida com as pontas dos dedos. Coloque no alguidar e, por cima, ponha os limões cortados em quatro. No centro coloque o cadeado aberto, sem a chave (guarde-a com você). Leve para uma estrada longa e peça para **Exu Tranca-rua** abrir seus caminhos, desatar os nós, etc. Acenda a vela e coloque os charutos acesos em volta do alguidar. Ponha um pouco da bebida em cima do presente e espalhe o restante em volta, fazendo seus pedidos com muita fé e amor. Quando alcançar o objetivo, faça o mesmo presente em agradecimento e, colocando, desta vez, a chave do cadeado.

Presente 66
Para abrir seus caminhos,
ajudar na compra da casa própria

Elementos necessários

- ✓ um alguidar grande
- ✓ farinha de mandioca
- ✓ sal
- ✓ azeite de oliva
- ✓ meio copo de uma cachaça boa
- ✓ seis cravos vermelhos
- ✓ seis cravos brancos
- ✓ um charuto
- ✓ uma gravata branca
- ✓ um prendedor de gravata dourado
- ✓ sete chaves antigas (podem ser usadas)
- ✓ um bife
- ✓ um cacho pequeno de uvas verdes
- ✓ perfume de boa qualidade
- ✓ vinho composto com jurubeba
- ✓ uma bengala (opcional)
- ✓ uma vela vermelha e preta

COMO FAZER – misture com as pontas dos dedos, fazendo uma farofinha bem úmida, a farinha, o sal, o azeite e a cachaça e coloque no alguidar. Tempere o bife com um pouco de sal, frite rapidamente e coloque no centro da farofa. Em volta coloque as chaves e enfeite com os cravos sem os talos. Quando o bife esfriar, coloque o cacho de uvas em cima dele. Leve para uma estrada ou para um caminho de terra, em um local onde a natureza se incumba de deteriorar os elementos, e coloque em um canto. Ponha a gravata e o prendedor por cima do presente. Borrife com o perfume, acenda o charuto e dê sete baforadas, fazendo seus pedidos. (Peça que **Exu Tranca-rua** abra seus caminhos; que traga prosperidade; que corte a inveja e o olho-grande que atrapalham sua vida; que leve as negatividades que perturbam o seu crescimento, etc.). Jogue em volta do presente e borrife em cima dele um pouco de cachaça. Acenda a vela e coloque a bengala ao lado.

Presente 67

Para ativar o pensamento do seu amor e fazê-lo retornar para casa, para o seu lado

Elementos necessários

- um alguidar grande
- sete pimentões verdes crus
- meio quilo de fubá
- sal
- azeite de oliva
- mel de abelhas
- sete bifes crus
- sete pedaços de cenoura crua
- sete pedaços de beterraba crua
- sete pimentas-malaguetas verdes
- sete pimentas-malaguetas vermelhas
- cachaça de boa qualidade
- uma vela preta e vermelha
- um charuto

COMO FAZER – faça com as pontas dos dedos uma farofa úmida, misturando o fuba, o sal, o azeite e o mel. Coloque a farofa no alguidar. Tire a tampa dos pimentões e retire as sementes com cuidado para não parti-los. Enrole os pedaços de cenoura e de beterraba nos bifes e coloque cada um dentro de um pimentão. Enfeite os pimentões com uma pimenta verde e uma vermelha e coloque-os, também a tampa, em cima da farofa. Leve para uma estrada ou para uma encruzilhada bem aberta e coloque em uma esquina. Borrife um pouco de cachaça no presente e despeje o restante em volta. Acenda o charuto e a vela e faça seus pedidos a **Exu Tranca-rua**, com fé e amor.

Veludo

EXU VELUDO – Exu que representa a força, a resistência, e que tem um comprometimento com a verdade. Em contraponto, trata a todos com doçura e delicadeza, como cavaleiro refinado que é. Se veste com requinte, sua bebida preferida é o conhaque e adora charutos especiais. É muito importante na ajuda à riqueza material, na prosperidade. Geralmente exige a presença de uma Pombagira junto a ele nas festas.

Presente 68
Para afastar feitiçarias do seu caminho e trazer defesa

Elementos necessários

- ✓ um alguidar médio
- ✓ um pedaço de veludo azul-marinho
- ✓ fubá
- ✓ azeite de oliva
- ✓ dois limões
- ✓ uma ova de peixe crua
- ✓ vinho tinto
- ✓ um bom charuto

COMO FAZER – coloque o veludo no alguidar. Misture com as pontas dos dedos o fubá, uma pitada de sal, azeite e suco de limão suficientes para fazer uma farofa úmida. Coloque em cima do veludo com a ova de peixe no centro. Regue com azeite e enfeite com um limão cortado em quatro. Entregue à margem de uma estrada movimentada, na esquina de um cruzamento ou embaixo de uma árvore bem bonita. Converse com **Exu Veludo**, borrife um pouco do vinho no presente e despeje o restante em volta. Acenda o charuto, dê sete tragadas e coloque em cima do presente.

Presente 69
Para ajudar no controle do álcool e das drogas

Elementos necessários

- ✓ um alguidar médio
- ✓ um pedaço de veludo preto
- ✓ fubá
- ✓ azeite de oliva
- ✓ um pimentão verde
- ✓ um tomate não muito maduro
- ✓ sete corações de frango crus e lavados
- ✓ gin
- ✓ um charuto

COMO FAZER – forre o alguidar com o veludo e coloque por cima uma farofa feita com o fubá, uma pitada de sal e azeite. Rodeie a farofa com o pimentão e o tomate cortados em fatias finas. No centro, coloque os corações de frango e regue com um pouco de azeite. Leve para uma encruzilhada de terra ou para uma estrada movimentada e deixe embaixo de uma árvore, fazendo seus pedidos a **Exu Veludo**. Borrife o presente com um pouco do gim e coloque um pouco em um copo, ao lado. Acenda o charuto e ponha no presente.

POMBA-GIRAS

Maria Arrepiada

Esta entidade não pertence à falange das Pombagiras; ela participa da falange dos Malandros e Malandras. Por ser muito rara, misteriosa e faceira, e muito poderosa, decidimos prestar-lhe uma homenagem especial e ensinar alguns petiscos especiais para quem quiser agradá-la.

Presente 70
Para atrair um amor

Elementos necessários

- ✓ um prato prateado ou dourado
- ✓ uma beterraba grande
- ✓ farinha de mandioca
- ✓ uma pitada de sal
- ✓ azeite de oliva
- ✓ duas gemas de ovo de galinha caipira
- ✓ essência de verbena
- ✓ sete rosas brancas pequeninas
- ✓ sete bombons
- ✓ uma bebida doce ou um espumante

COMO FAZER – (presente ideal também para melhorar ou ativar um relacionamento amoroso). Descasque e cozinhe a beterraba com uma pitada de sal. Rale ou pique a beterraba em pedaços bem pequenos. Misture com as pontas dos dedos um pouco de farinha, a beterraba, uma pitada de sal e sete gotas da essência de verbena, fazendo uma farofa meio úmida. Coloque no prato arrumando em formato de coração. No meio da farofa coloque as duas gemas. Enfeite ao redor da farofa com as rosas brancas sem o talo e com os bombons. Leve para uma encruzilhada, para um gramado limpinho ou entregue em uma mata, chamando pela **Maria Arrepiada** e fazendo seus pedidos. Despeje a bebida em volta do presente. (Esta é uma entidade muito jovem, muito poderosa e muito difícil de se ver nos dias atuais. Porém, gosta muito de trabalhar e de atender àqueles que a ela recorrem.)

Presente 71
*Reavivando seu potencial sexual
para agradar seu amor*

Elementos necessários

- ✓ um alguidar médio
- ✓ dois copos de água
- ✓ um copo de açúcar
- ✓ sete maçãs vermelhas bem bonitas
- ✓ morangos
- ✓ essência de rosa vermelha
- ✓ sete rosas vermelhas sem os talos
- ✓ uma bebida doce

COMO FAZER – faça uma calda rala com a água e o açúcar. Acrescente as maçãs e cozinhe levemente. Retire as maçãs e coloque no alguidar. Na calda acrescente alguns morangos bem grandes e bem lavados e retire rapidamente. Ponha os morangos com as folhinhas em volta das maçãs. Deixe a calda ficar um pouco mais densa, coloque sete gotas da essência, espere esfriar um pouco e espalhe por cima das frutas. Aguarde esfriar completamente e enfeite com as rosas vemelhas. Leve o presente para um lugar bem bonito (pode ser um campo aberto, uma estrada longa ou em uma encruzilhada fechada em T), acenda uma vela vermelha e espalhe a bebida em volta, sempre conversando com **Maria Arrepiada**. Ela vai adorar este presente, que é muito bonito e bem perfumado.

Cacurucaia

Uma das Pombagiras mais antigas, sábias e maliciosas. Trabalhadora, ela diz que a noite é o seu mundo, o seu território. Tem grande poder sobre a violência e o perigo. Gosta de trabalhar desfazendo feitiços ou mandingas. Trabalha para o amor – tanto para trazer o bem-amado, como para afastar o mal-amor. Ajuda seus protegidos em qualquer situação, seja para conseguir dinheiro nos negócios comerciais, nas pendências familiares, etc. Protege e defende os jovens em situações desfavoráveis.

Presente 72

*Para aliviar as brigas,
livrar das fofocas e dos inimigos*

Elementos necessários

- um alguidar médio
- farinha de mandioca
- azeite de oliva
- sal
- ramos de salsa lavados
- uma rosa vermelha sem o talo
- purpurina prata
- vinho rosé

COMO FAZER - pique um pouco de salsa e misture com a farinha, o azeite e o sal. Com as pontas dos dedos, fazendo uma farofa meio úmida e coloque no prato. Coloque no centro a rosa, enfeite ao redor com ramos da salsa e polvilhe com a purpurina. Leve para uma encruzilhada ou para uma mata bonita, coloque embaixo de uma árvore e ofereça à **Pombagira Cacurucaia,** fazendo seus pedidos usando toda a sua fé. Borrife um pouco da bebida por cima. Este presente é bem simples, mas tem um grande poder e, além de tudo, um bom aroma!

Presente 73
Para cortar desentendimentos entre pessoas que se amam; trazer defesa para o relacionamento

Elementos necessários

- um alguidar médio
- farinha de mandioca
- azeite de oliva
- mel
- sal
- sete cebolas roxas descascadas
- sete pimentas dedos-de-moça
- purpurina prata

COMO FAZER – faça uma farofa com as mãos, misturando a farinha, o azeite, o mel e o sal. Coloque no alguidar e coloque as cebolas ao redor. Abra um buraco em cada cebola, para poder colocar dentro uma pimenta enfeitando, assim, o presente. Espalhe suavemente um pouco da purpurina, para dar brilho ao presente. Ofereça à **Pombagira Cacurucaia** e faça seus pedidos.

Cigana

A Pombagira Cigana é uma entidade muito querida e respeitada nos terreiros de umbanda. Alegre e sorridente, mostra ao ser humano que está feliz de estar entre os homens, na Terra. Gosta de trabalhar para o amor, de ajudar na prosperidade, de trazer felicidade para os seres humanos. Por isso, trabalha sempre com satisfação e alegria. Aprecia coisas boas e requintadas, como anéis, perfumes, pulseiras. Sua paixão são os lenços extravagantes e coloridos. Ela prefere a Lua Cheia para trabalhos de amor e a Lua Crescente para trabalhos de dinheiro.

Presente 74

Para trazer segurança nos seus caminhos, no seu trabalho

Elementos necessários

- um alguidar médio
- pedaço de pano preto
- pedaço de pano vermelho
- trigo de quibe
- azeite de oliva
- sal
- galhos de hortelã
- folhas de alface lavadas e secas
- rodelas de cebolas
- uma cigarrilha
- vinho doce
- uma vela branca, uma azul, uma rosa e uma amarela, perfumadas

COMO FAZER – lave o trigo de quibe com água quente e deixe escorrer. A seguir, misture a farinha com o azeite e o sal fazendo uma farofa meio úmida. Forre o alguidar com os panos e coloque a farofa por cima. Enfeite ao redor com os galhos de hortelã, as folhas de alface e as rodelas de cebola. Leve para uma encruzilhada ou para um campo e ofereça à **Pombagira Cigana** fazendo seus pedidos. Acenda a cigarrilha, borrife um pouco do vinho no presente e despeje o restante em volta, perfumando-o. Acenda as velas ao redor, com muito cuidado, para não colocar fogo na natureza.

Presente 75

*Para você encantar, brilhar,
chamar atenção onde chegar*

Elementos necessários

- um prato redondo grande
- farinha de mandioca
- azeite de oliva
- mel de abelhas
- sal
- ramos de salsa lavados
- sete ovos de galinha caipira
- purpurina nas cores (amarela, azul, verde, vermelha, dourada, prata, rosa)
- uma vela amarela
- uma garrafa de sidra de maçã

COMO FAZER – faça uma farofa com as mãos misturando a farinha, o azeite, o mel e o sal. Ponha no prato e enfeite ao redor com os ramos da salsa. Borrife água suavemente em cada ovo, e cubra cada um com uma cor de purpurina. Coloque-os em pé por cima da farofa. Leve para um gramado ou para uma estrada e chame pela **Pombagira Cigana** fazendo seus pedidos. Acenda a vela e despeje devagar a sidra em volta do prato, mentalizando somente coisas boas. Este presente fica lindo, pois é muito colorido e vivo, tal como as ciganas!

Presente 76
Para dar maior visibilidade ao seu comércio

Elementos necessários

- ✓ um prato grande redondo
- ✓ um pedaço de pano amarelo ou azul
- ✓ trigo de quibe
- ✓ água
- ✓ sal
- ✓ azeite de oliva
- ✓ mel de abelhas
- ✓ folhas de hortelã
- ✓ um pepino
- ✓ uma cigarrilha
- ✓ uma vela azul
- ✓ um vinho rosé

COMO FAZER – coloque o trigo de quibe em um recipiente e acrescente um pouco de água quente, para lavar. Deixe escorrer bem e, a seguir, misture bem com uma pitada de sal, azeite, mel e folhas de hortelã picadas. Faça sete quibes bem bonitos. Forre o prato com o pano e coloque os quibes, enfeitando com as rodelas finas de pepino. Leve para um gramado ou para uma encruzilhada chamando pela **Pombagira Cigana**. Acenda a cigarrilha, dê sete barofadas e coloque no presente. Acenda a vela e despeje o vinho em volta do presente.

Presente 77

*Para trazer claridade e brilho para sua vida,
ser notada onde chegar*

Elementos necessários

- ✓ um prato médio
- ✓ um repolho médio inteiro
- ✓ farinha de quibe
- ✓ um pepino
- ✓ folhas de hortelã
- ✓ folhas de alface
- ✓ azeite de oliva
- ✓ sete pedaços de fita fininha, de cores variadas
- ✓ ramos de trigo
- ✓ um pedacinho de cristal (pedra da lua)
- ✓ purpurinas coloridas

COMO FAZER – enfeite o prato com algumas folhas de alface, lavadas e secas. Misture dois copos de farinha de quibe com um pouco de água quente. Deixe de molho por alguns minutos e esprema bem. Acrescente uma pitada de sal, azeite de oliva o suficiente para fazer uma farofa molhada e meio pepino ralado. Misture bem, com as pontas dos dedos.

Coloque o repolho inteiro dentro de uma panela com água quente e deixe por um tempo, até as folhas amaciarem, sem deixar se desmancharem. Tire sete folhas e seque-as com um pedaço de pano. Coloque dentro de cada folha um pouco da farofa de farinha de quibe e feche as trouxinhas com uma fitinha de cada cor. Ponha uma no centro do prato, junto com o cristal, e as outras seis ao redor. Enfeite com folhas de hortelã e, se quiser, borrife com um bom perfume e espalhe um pouco de purpurina por cima, dando um bonito colorido ao presente.

Entregue num local de mata limpa ou em um gramado, embaixo de uma árvore frondosa e sem espinhos. Faça seus pedidos à **Pombagira Cigana**. (Se quiser, pode levar alguns complementos de seu gosto, como brincos, pulseiras, cigarrilhas, bebidas.)

Presente 78
Para atrair o amor para a sua vida

Elementos necessários

- um prato fundo grande
- quatro maçãs verdes
- essência de verbena
- essência de patchouli
- essência de morango
- essência de lótus
- algodão

COMO FAZER – corte as maçãs em quatro e, a seguir, desmanche-as em pedaços bem pequenos. Acrescente as essências e passe tudo lentamente no corpo, do pescoço para baixo, mentalizando atração, sensualidade e pedindo à **Pombagira Cigana** o que deseja.

Deixe este banho ficar no seu corpo por algumas horas. A seguir, retire com o algodão, tome seu banho diário e vista-se com cores alegres. Leve o resto do banho e coloque num jardim bem bonito e em local movimentado. Se quiser, repita o banho sete dias depois.

Presente 79
Banho da falange das Ciganas, para atração

Elementos necessários
- sete morangos maduros, picados
- açúcar cristal
- chantilly
- essência de verbena
- essência de morango
- pétalas de três rosas vermelhas

COMO FAZER – (este presente deve ser feito no terceiro dia da Lua Crescente ou da Lua Cheia e em um campo ou local aberto, bem florido, com bastante árvores frondosas. Esteja vestida de amarelo, branco, azul ou rosa). Misture o morango com dois copos de açúcar cristal, duas colheres (de sopa) de chantilly, as essências e as pétalas. Passe o banho lentamente pelo seu corpo e deixe cair ao seu redor, fazendo seus pedidos à **falange das Ciganas**. Fique ali por algum tempo, mentalizando e conversando com essas entidades tão poderosas e tão faceiras. Ao chegar em casa tome seu banho diário. Alguns dias depois leve ao mesmo local um ramo de flores do campo e ofereça às Ciganas.

Ciganinha da Estrada

A Pombagira Ciganinha da Estrada é uma entidade jovial e muito respeitada. Sempre sorridente, gosta de trabalhar para o amor e de ajudar os homens. Tem prazer em ostentar anéis e pulseiras extravagantes e aprecia os perfumes requintados e fortes.

Presente 80

*Para acordar o seu homem socialmente
para passeios, viagens, festas*

Elementos necessários

- um alguidar médio ou um prato de barro
- um pedaço de pano dourado ou prateado
- meio quilo de araruta
- uma pitada de sal
- mel
- azeite de oliva
- rosas brancas, vermelhas e amarelas
- cem gramas de frutas cristalizadas
- perfume de sua preferência

COMO FAZER – coloque num prato a araruta, o sal, um pouco de mel e de azeite e misture bem com as pontas dos dedos, fazendo uma farofa meio úmida. Forre o alguidar, ou prato, com o tecido e coloque a farofa no centro. Enfeite ao redor com as rosas, intercalando as cores, até fechar o círculo. Coloque em cima da farofa as frutas cristalizadas. Leve este presente para um campo aberto bem bonito e limpo e pingue por cima algumas gotas do perfume. Mentalize a **Pombagira Ciganinha da Estrada** e faça seus pedidos.

Presente 81
Para acelerar um casamento ou noivado demorado, ou para atrair um amor

Elementos necessários

- ✓ um melão grande e bonito
- ✓ um cesto pequeno de vime
- ✓ um pedaço de pano dourado ou furta-cor
- ✓ farinha de mandioca
- ✓ uma pitada de sal
- ✓ folhas de hortelã
- ✓ azeite de oliva
- ✓ mel de abelhas
- ✓ cerejas (ou cereja em calda)
- ✓ frutas cristalizadas
- ✓ um coração dourado, pequeno (se for para amor)
- ✓ um par de alianças douradas (se for para casamento)

COMO FAZER – tire um pedaço da parte de cima do melão, fazendo uma alça. Retire as sementes e um pouco da fruta. Forre o cesto com o pedaço de pano, ponha o melão dentro e espalhe em volta as frutas cristalizadas. Misture com as mãos a farinha, o sal, as folhas de hortelã picadas, um pouco de azeite e de mel, fazendo uma farofa úmida. Coloque essa farofa dentro do melão e enfeite com as cerejas. Ponha no centro da farofa o coração dourado (se for para arranjar um amor) ou o par de alianças (se for para resolver problemas de casamento).

Deixe este presente na sua casa de Exu, se você tiver, ou então leve para uma estrada e coloque em um lugar bem limpo, embaixo de uma árvore. Acenda uma vela amarela e ofereça uma bebida doce. Faça seus pedidos à **Pombagira Ciganinha da Estrada** e muito boa sorte!

Observação: este presente também pode ser feito para a cigana de sua predileção, como Samira, Natasha, Isabelita, Carmencita e várias outras.

Presente 82
*Para trazer harmonia no lar ou
no seu relacionamento amoroso*

Elementos necessários

- um prato grande
- um pedaço de tecido estampado
- farinha de mandioca
- essência de morango
- seis maçãs
- uma pera
- açúcar cristal
- rosas brancas, amarelas e vermelhas
- um cravo vermelho
- purpurina furta-cor
- vinho rosé

COMO FAZER – forre o prato com o tecido. Misture a farinha, uma pitada de sal e algumas gotas da essência de morango, fazendo uma farofa não muito seca. Coloque no pano. Corte o topo das maçãs e da pera, retire um pouco da polpa e encha com o açúcar cristal. Ponha as maçãs em cima da farofa, com a pera no meio. Enfeite ao redor com as rosas e coloque o cravo no centro, junto com a pera. Borrife suavemente as flores e polvilhe a purpurina, dando assim um brilho e um colorido ao presente. Ofereça à **Ciganinha da Estrada** ou a uma pombagira de sua preferência e faça seus pedidos, entregando em um campo bonito ou em uma encruzilhada. Se quiser, leve uma cigarrilha, acenda e coloque entre as rosas. Derrame o vinho ao redor do presente. Use toda a sua fé e o seu amor ao ofertar o presente.

Sinza Muzila

Entidade pertencente ao povo Bantu, que vibra nas ruas e nas madrugadas. Muito refinada, tranquila, gosta de trabalhar para o amor e para ajudar nos relacionamentos, sejam eles familiares, empresariais ou amorosos. Mas não perdoa aos que prejudicam seus protegidos!

Presente 83
Para defesa contra feitiços, perseguições, olho-grande, cortar as negatividades

Elementos necessários

- ✓ uma panela de barro
- ✓ um pedaço de pano branco ou azul-claro
- ✓ farinha de mandioca
- ✓ três maçãs verdes ou três peras
- ✓ uma rosa branca, uma vermelha, uma amarela
- ✓ araruta em pó ou fubá
- ✓ uma noz-moscada ralada
- ✓ canela em pó
- ✓ três colheres de sopa de manteiga com sal
- ✓ um espumante

MODO DE FAZER – forre a panela com o pano. Misture a farinha com uma colher (de sopa) de araruta, uma pitada de sal, uma colher (de sopa) de canela e a manteiga. Misture com as mãos, até formar uma farofa úmida. Coloque em cima do pano, rodeie com as maçãs cortadas em quatro e enfeite com as rosas sem os caules e sem os espinhos. Leve para um local gramado e coloque embaixo de uma árvore bonita e florida, oferecendo e fazendo seus pedidos à **Sinza Muzila**. Abra o espumante, borrife um pouco no presente e espalhe o restante em volta dele, chamando sempre por ela que, com certeza, estará ali para receber tão lindo agrado. (Este presente também serve para lhe ajudar a ter estabilidade profissional e para ser bem-sucedido em entrevistas profissionais.)

Presente 84
Para cortar feitiços e a inveja do seu caminho

Elementos necessários
- um alguidar médio
- um pedaço de pano amarelo
- sete ovos de galinha caipira
- purpurina dourada
- farinha de mandioca
- batata-doce ralada
- azeite de oliva
- mel de abelhas
- pétalas de três rosas amarelas
- sete velas amarelas
- um espumante ou um vinho branco

COMO FAZER – coloque o pedaço de pano no alguidar. Borrife um pouco de água nos ovos e passe-os na purpurina, deixando-os dourados. Deixe secar. Misture bem a farinha, uma pitada de sal, a batata-doce ralada, um pouco de azeite e de mel e coloque em cima do pano. Enfeite com os ovos e com as pétalas de rosas. Leve para um campo ou para uma encruzilhada em forma de T. Acenda as velas, abra a bebida, borrife um pouco no presente e despeje o resto ao redor, chamando por **Sinza Muzila** e fazendo seus pedidos. Muita sorte e harmonia!

CADERNO DE FOTOS

Equede Dalva e a iaô Claudinha de Oyá no preparo dos petiscos de Zé Pelintra e da comunidade

O babalorixá Odé Kileuy com suas filhas na cozinha especial das divindades e das entidades. À frente, da esq. para a dir.: Vera de Oxaguiã, Marizete de Oxum, Sarinha de Oxaguiã. Atrás: Equede Nilva de Oxum; Silvana de Jemanjá e Zenilda de Jemanjá. Ao fundo, nosso amigo Luís Cláudio de Jemanjá

Odé Kileuy conferindo o movimento na cozinha das divindades

O babalorixá na cozinha da comunidade "ajudando" a equede Dalva, a iaô Claudinha de Oyá e nossa amiga Gilcéia

Odé Kileuy somente observando

Marcelo de Orixalá, Babá Otum do Axé Kavok, juntamente com Cristina Warth, da Pallas Editora

Os autores Vera de Oxaguiã & Odé Kileuy, filha e pai

Um presente para Exu ou para Pombagira: farofa enfeitada com pêssegos em calda e pedaços de maçã borrifados com purpurina vermelha

Os peixes preparados para Exu

Dois lindos presentes para Pombagira: uma farofa preparada com farinha de quibe e outra preparada com farinha de mandioca

Dois presentes para Pombagira: uma farofa enfeitada com pedaços de pera, maçã e pêssegos em calda. Ao fundo, farofa enfeitada com sete ovos coloridos com purpurina

Uma farofa feita com farinha de mandioca, mel, azeite de oliva e enfeitada com maçãs vermelhas recheadas com mel de abelhas. Ao centro, pimentas dedo-de-moça

Um presente que pode ser ofertado para Pombagira ou para Exu: uma farofa enfeitada com pimentões coloridos recheados com um pouco da farofa e pimentas dedo-de-moça

Ao fundo, uma compoteira com pêssegos e figos em calda — frutas que podem ser ofertadas tanto para Exu como para Pombagira. Os manjares estão direcionados para Pombagira

Um peixe especialmente preparado para Exu, assado no forno, bem-temperado com tomate, cebola, pimentões coloridos, azeitonas pretas, pimentas e enfeitado com rodelas de limão

Um lindo presente para Pombagira: farofa enfeitada com fatias de maçãs vermelhas. O prato foi decorado com folhas de "tapete de pombagira"

Ponche especial para Exu e Pombagira feito com vinho tinto, champanhe e frutas picadas

Um presente para Exu ou para Pombagira: folhas de repolho roxo, farofa feita com farinha de mandioca, azeite de oliva, pimentão amarelo recheado com a farofa e enfeitado com pimentas dedo-de-moça

À frente, um presente para agradar Pombagira: claras em neve com purpurina vermelha e purpurina dourada. Ao fundo, uma cesta de melão

Um gracioso presente: uma cesta feita no melão com vinho no seu interior e um cacho de uvas moscatel, que você pode oferecer à Pombagira ou a Exu

À frente, um presente para Pombagira: farofa enfeitada com duas gemas cruas borrifadas com purpurina dourada. À esquerda, um prato enfeitado com figos em calda, purpurina vermelha e azul, que pode ser oferecido para Pombagira ou para Exu. À direita, compota com pêssegos em calda, oferenda para Exu ou Pombagira

Em primeiro plano um presente para Pombagira ou para Exu: uma farofa preparada com farinha de mandioca, azeite de oliva e mel, enfeitada com maçãs vermelhas e cerejas ao marrasquino. Ao fundo, uma compoteira com abacaxi em calda, que tanto pode ser oferecido para Pombagira como para Exu

'm presente para a prosperidade:
te ovos crus, pintados com purpurina dourada,
feitam uma farofa para ser oferecido à Pombagira

Presentes especiais para Pombagira: uma farofa enfeitada com rodelas de maçã e cerejas ao marrasquino, e uma farofa com beterraba ralada e pimentas dedo-de-moça. Ao fundo, uma farofa com pimentão vermelho e pimentas dedo-de-moça que podem ser ofertadas para Pombagira ou Exu

Em primeiro plano, uma farofa especial para Pombagira preparada com farinha de mandioca e cenoura ralada, enfeitada com rodelas de cenoura. Ao fundo, um prato com farofa, enfeitado com rodelas de abacaxi e figos em calda para Exu ou Pombagira

Outro ângulo de um presente especial para Exu ou Pombagira

Presente para Exu ou Pombagira com farofa, maçã vermelha e pera

Presentes ofertados à Pombagira Colondina

Lindo presente para Pombagira preparado com farofa de farinha de mandioca, beterraba ralada e enfeitada com folhas de hortelã. Uma rosa feita com folhas de repolho roxo complementa a oferenda

banquete ofertado a Exu e a Pombagira colocado em seu quarto

Novo ângulo do quarto de Exu e de Pombagira com seus lindos quitutes

Uma bela foto para dar "água na boca"

Um belo mocotó para ser ofertado a Zé Pelintra e também aos convidados

Feijão com pé de porco para agradar seu Zé Pelintra e também nossos convidados

Vista parcial da mesa de Zé Pelintra com suas bebidas e suas comidas prediletas

Mesa de Zé Pelintra tendo em primeiro plano um de seus itens favoritos: o jogo de baralho

Mesa de Zé Pelintra

Colondina

Uma das poucas Pombagiras ligadas com o mar. Talvez daí venha o seu poder místico. Guerreira e feiticeira, ajuda a promover a paz nas brigas conjugais, familiares e no trabalho. Procura sempre ajudar nos relacionamentos amorosos, trazendo um amor que se foi, transformando o amor impossível num amor possível, ou fortalecendo os laços amorosos. Seu prato preferido é peixe de água salgada bem-preparado.

Presente 85
Para despertar e encantar ainda mais o(a) seu(sua) companheiro(a)

Elementos necessários
- ✓ um prato raso grande ou um alguidar médio
- ✓ farinha de mandioca
- ✓ sal
- ✓ azeite de oliva
- ✓ sete figos em calda
- ✓ sete bombons recheados com cereja
- ✓ purpurina prateada

COMO FAZER – misture bem, com as mãos, a farinha com uma pitada de sal, um pouco de azeite e um pouco da calda dos figos e faça uma farofa meio úmida. Coloque no prato e enfeite com os figos e os bombons. Salpique a purpurina e, se quiser, enfeite com uma rosa vermelha e uma branca no centro do prato. Ofereça à **Pombagira Colondina**, próximo a um local com água ou perto do mar, e faça seus pedidos.

Presente 86
*Para afastar parente ou amigo
das bebidas e das drogas*

Elementos necessários

- ✓ uma corvina média, fresca e bem firme
- ✓ azeite de oliva
- ✓ rodelas de tomate, de cebola e de pimentão
- ✓ folhas de alface
- ✓ um prato de barro
- ✓ sal
- ✓ um copo bonito

COMO FAZER – lave bem o peixe, sem escamar, e retire as vísceras sem abri-lo muito. Coloque numa panela grande um pouco de azeite, o tomate, a cebola, o pimentão e uma pitada de sal. Leve ao fogo brando e acrescente o peixe. Cozinhe levemente, sem deixar quebrar ou desmanchar. Forre o prato com folhas de alface bem lavadas e coloque o peixe. Deixe esfriar e ofereça para dona **Colondina**, de preferência na praia ou à beira de um rio. Leve uma garrafa de vinho rosé, tome um gole, encha o copo e despeje o restante em volta do presente.

Faça seus pedidos com fé e amor que você logo será atendido!

Presente 87
*Para cortar conflitos e desunião
entre familiares ou amigos*

Elementos necessários

- uma anchova bem fresca
- limão
- dois tomates e duas cebolas pequenas
- um pimentão verde, um vermelho, um amarelo
- salsa, cebolinha, coentro
- azeitonas verdes e pretas
- um pouco de colorau
- uma pitada de sal
- azeite de oliva
- um prato de barro ou um alguidar
- sete pimentas dedo-de-moça

COMO FAZER – lave bem o peixe e retire as vísceras sem abrir muito a barriga e sem escamar. Corte em sete pedaços e tempere com limão e uma pitada de sal. Pique os tomates, as cebolas, os pimentões, a salsa, a cebolinha, o coentro e leve ao fogo baixo, em uma panela com azeite e uma colher de chá de colorau. Deixe o molho engrossar e coloque o peixe. Cozinhe rapidamente e não deixe desmanchar. Enfeite o prato de barro (pode ser até mesmo um prato de alumínio) com folhas de alface ou de chicória, coloque as postas do peixe e regue com azeite. Enfeite ao redor com as pimentas e as azeitonas. Acompanhe com um vinho tinto.

Leve para um local limpo, bem bonito, em uma estrada de barro, de preferência próximo ao mar, e faça seus pedidos à **Pombagira Colondina**.

Maria Farrapo

Pertence à falange de Maria Molambo e tem algumas características que são a sua marca: a irreverência, a ironia e a alegria. Por estes motivos muitos pensam que ela está continuamente bêbada ou é desajeitada. Pelo contrário, é muito séria e competente. Muito objetiva, Maria Farrapo costuma ir direto ao ponto, mostrando ao cliente se seu desejo é bom ou não, o que costuma surpreender ao consulente. É uma amiga fiel e para todas as horas.

Presente 88

Para proteger aquelas pessoas que causam conflitos onde chegam

Elementos necessários

- ✓ um alguidar médio ou um prato de barro
- ✓ um pedaço de pano estampado bem bonito
- ✓ um peixe vermelho médio limpo, sem escamar nem tirar as vísceras
- ✓ farinha de mandioca
- ✓ cem gramas de grão-de-bico cru
- ✓ cem gramas de arroz com casca
- ✓ azeite de oliva
- ✓ mel de abelhas
- ✓ quatorze cravos-da-índia
- ✓ flores sempre-viva sem os caules
- ✓ um girassol
- ✓ purpurina dourada
- ✓ perfume de boa qualidade

COMO FAZER – coloque o peixe no alguidar ou prato (não é deitado, coloque na horizontal). Misture com as pontas dos dedos a farinha, uma pitada de sal, o grão-de-bico, o arroz, um pouco de azeite e de mel. Faça uma farofa meio úmida e ponha em volta do peixe, para não deixá-lo tombar. Enfeite a farofa com os cravos e com as flores sempre-viva. Ponha no centro o girassol e polvilhe com a purpurina. Borrife um pouco de perfume. Leve para uma encruzilhada ou para uma estrada e coloque num canto bem limpo, chame por **Maria Farrapo** e faça seus pedidos.

Presente 89
Para atrair sorte, energia e alegria para a sua vida

Elementos necessários
- um alguidar médio
- farinha de mandioca
- sal
- cinco gemas de ovo
- cinco ovos de codorna
- azeite de oliva
- duas rosas cor-de-rosa e duas amarelas
- purpurina amarela
- um bom perfume
- um espumante

COMO FAZER – coloque no alguidar as cinco gemas, o sal, o azeite e um pouco de perfume. Misture bem com um pouco de farinha de mandioca, fazendo uma farofa meio úmida. Coloque no centro os ovos de codorna crus e lavados. Rodeie a farofa com as rosas sem os caules, e polvilhe com a purpurina amarela. Ofereça a **Maria Farrapo** num campo gramado, em horário de muita luminosidade do Sol. Chame por ela e faça seus pedidos. Espalhe em volta o chamapnhe e borrife um pouco do perfume nas flores.

Maria Molambo

Maria Molambo gosta de atender bem a todos que procuram sua ajuda nos terreiros onde trabalha. É sempre muito requisitada para qualquer tipo de serviço, e é muito alegre, divertida, poderosa e pronta a atender a qualquer tipo de pedido. Muito gentil, quando chega nos terreiros é a Pombagira preferida dos jovens.

Presente 90
Para quebrar as forças de homem violento

Elementos necessários

- um prato de alumínio redondo e grande
- um pedaço de morim amarelo ou vermelho
- farinha de mandioca
- mel
- sal
- sete peras
- purpurina furta-cor

COMO FAZER – (Este presente é ótimo para amarração; serve também para adoçar um amor difícil no trato.) Faça com a farinha, o mel e o sal uma farofa meio úmida, mexendo com as pontas dos dedos. Coloque o morim em cima do prato e acrescente a farofa. Lave as peras, corte na parte de cima e retire a polpa com cuidado, para não furar a casca e encha cada pera com mel. Coloque-as em cima da farofa e polvilhe com a purpurina. Leve para uma estrada longa e, de preferência, de terra, e entregue à **Pombagira Maria Molambo** e peça o que deseja.

Presente 91

Para tirar o desejo e o ímpeto sexual do seu homem com outras mulheres

Elementos necessários

- um alguidar médio ou um prato redondo, grande
- um pedaço de morim amarelo ou dourado
- farinha de mandioca
- azeite de oliva
- mel de abelhas
- sal
- pétalas de rosa amarela e branca
- uma rosa amarela
- purpurina prata
- uma vela amarela

COMO FAZER – misture a farinha com o azeite, o mel e o sal, fazendo uma farofa um pouco úmida. Forre o alguidar ou o prato com o pedaço de pano, coloque por cima a farofa e, no centro, a rosa amarela. Enfeite ao redor com as pétalas, polvilhe com a purpurina e ofereça à **Maria Molambo**, em uma encruzilhada ou uma estrada. Acenda a vela e faça seus pedidos, sempre com muita fé. Repare que este prato é de uma beleza bem suave e muito perfumado, como gostam as Pombagiras.

Presente 92
Para tornar seu homem mais fiel a você

Elementos necessários

- ✓ um prato raso grande
- ✓ farinha de mandioca
- ✓ sal
- ✓ azeite de oliva
- ✓ mel
- ✓ uma lata de pêssegos em calda
- ✓ uma rosa amarela
- ✓ purpurina amarela e furta-cor
- ✓ licor de pêssego
- ✓ sete cigarros

COMO FAZER - misture com os dedos a farinha com uma pitada de sal, acrescente um pouco de azeite, mel e três colheres da calda do pêssego e prepare uma farofa úmida. Ponha no prato e enfeite com fatias de pêssego, colocando no centro a rosa amarela. Enfeite com as purpurinas e ofereça a **Maria Molambo** em uma encruzilhada, fazendo seus pedidos. Coloque um pouco do licor num cálice e ofereça ao lado. Acenda sete cigarros e enfeite em volta do presente.

Presente 93
Para encantamento, conquistar um amor, ou ajudar a afastar a solidão

Elementos necessários
- um prato
- farinha de mandioca
- azeite de oliva
- um vidro de papo de anjo
- um maço de margaridas

COMO FAZER – misture a farinha com um pouco da calda do papo de anjo e uma pitada de sal e faça uma farofa úmida. Coloque no prato e enfeite bem bonito com os papos de anjo e com as margaridas sem os caules. Ponha num local limpo e de natureza exuberante, com árvores, flores, e chame por **Maria Molambinho**, pedindo a ela um amor, um/a companheiro/a, um/a amigo/a, que afaste a tristeza e a solidão do seu caminho, etc. Peça com fé e será atendida/o com carinho.

Presente 94
*Para atrair sorte e segurança e aproximar
mais você de seus amigos*

Elementos necessários

- ✓ um alguidar médio
- ✓ farinha de mandioca
- ✓ sal
- ✓ cinco gemas de ovo
- ✓ azeite de oliva
- ✓ cinco rosas cor-de-rosa, bem bonitas e meio abertas
- ✓ purpurina amarela

COMO FAZER – coloque no alguidar as cinco gemas, o sal, o azeite e misture bem com um pouco de farinha de mandioca, fazendo uma farofa meio úmida. Rodeie a farofa com as rosas sem os caules, polvilhando com a purpurina amarela. Se você quiser, pode colocar rosas amarelas. Ofereça a **Maria Molambo** em local de movimento, como uma praça ou uma encruzilhada em T, e faça seus pedidos. Com certeza será atendida/o.

Presente 95
Para afastar sua rival,
afastar amante do seu amor

Elementos necessários

- um pé de sapato de mulher e outro de homem
- farinha de mandioca
- sal
- azeite de dendê
- pó de carvão
- sete variedades de pimenta
- três colheres de sopa de óleo de rícino
- um pedaço de pano preto
- linha preta

COMO FAZER – Procure em uma lixeira um pé de sapato de mulher e em outra lixeira, um pé de sapato de homem. Escreva sete vezes o nome de sua rival a lápis num papel. Faça o mesmo com o nome do seu amor, em outro papel. Misture farinha de mandioca, uma pitada de sal, três colheres de sopa de azeite de dendê, pó de carvão, sete variedades de pimenta e três colheres de sopa de óleo de rícino e faça uma farofa úmida. Coloque no sapato de mulher o nome do seu marido e no sapato de homem o nome da mulher. Recheie os sapatos com a farofa e enrole cada um num pedaço de pano preto. Amarre firmemente com linha preta. Jogue um pé de sapato numa lixeira e o outro em outra lixeira mais distante e entregue para **Maria Molambo da Lixeira**, pedindo que ela leve para bem longe a amante do seu amor, etc. Após algum tempo, tendo sido atendida/o o seu pedido, dê a ela um presente bem bonito em agradecimento.

Presente 96
Para cortar inveja, olho-grande, feitiços

Elementos necessários
- ✓ um prato redondo grande
- ✓ um pedaço de morim amarelo
- ✓ farinha de mandioca
- ✓ sal
- ✓ azeite de oliva
- ✓ uma cenoura pequena e crua descascada
- ✓ purpurina amarela ou furta-cor
- ✓ um copo de anis
- ✓ uma cigarrilha

COMO FAZER – rale a cenoura no ralo médio e junte com a farinha, o sal, o azeite e faça uma farofa meio úmida. Coloque no prato o morim, ponha por cima a farofa e salpique a purpurina. Se você quiser pode enfeitar com rodelas de cebolas ou pequenas rosas amarelas meio abertas. Ofereça à **Maria Molambo** numa encruzilhada e faça seus pedidos. Coloque o copo de anis na frente do presente e acenda a cigarrilha, dando sete baforadas.

Presente 97
Para ajudar na estabilidade emocional, financeira ou profissional

Elementos necessários

- um alguidar médio
- um melão
- morangos, uvas, maçã, pera e kiwi, bem lavados
- sete moedas douradas atuais
- purpurina dourada
- vinho rosé
- uma cigarrilha

COMO FAZER – abra o melão procurando enfeitar as bordas. Tire as sementes e coloque-o no alguidar. Arrume dentro dele os morangos, pedaços de maçã, de pera e de kiwi. Lave as moedas e ponha por cima das frutas. Polvilhe com um pouco de purpurina dourada. Faça seus pedidos à **Maria Molambo** e leve para um campo, colocando o presente embaixo de uma árvore. Rodeie com um pouco de vinho rosé, sempre conversando com a Pombagira, e acenda a cigarrilha.

Presente 98
*Ajudando a afastar o desânimo e
a tristeza, e a trazer alegria*

Elementos necessários

- um prato redondo, grande, de alumínio
- um pedaço de morim amarelo ou vermelho
- farinha de mandioca
- mel
- sal
- sete maçãs bem grandes e bonitas
- purpurina furta-cor
- um espumante

COMO FAZER – (Este presente também é ótimo para amarração ou para amansar um amor rebelde, de difícil trato.) Faça com a farinha, o mel e o sal uma farofa meio úmida. Coloque o morim em cima do prato e acrescente a farofa. Lave as maçãs e corte o topo; retire a polpa com cuidado, para não furar a casca e encha cada uma com mel. Coloque-as em cima da farofa e polvilhe com a purpurina. Entregue à **Maria Molambo do Cais** numa encruzilhada ou próximo ao cais do porto, se morar em cidade litorânea, e peça o que deseja. Ofereça a ela um copo com espumante e, se quiser, um cigarro.

Maria Molambinho

Mulher faceira, bela, jovem e sedutora. É muito amável e gosta de ajudar aos mais necessitados, mas sua preferência é trabalhar para o amor, para a união dos amantes. Adora bebidas suaves, como licores e champanhe. Gosta de joias e prefere artigos de boa qualidade e de brilho.

Presente 99
Para trazer claridade para sua vida,
arranjar um amor

Elementos necessários

- um prato de barro
- um pedaço de tecido amarelo ou dourado
- farinha de mandioca
- sal
- gordura hidrogenada
- azeite de oliva
- essência de lótus
- duas maçãs
- duas peras
- morangos
- um par de olhos de boneca
- licor de chocolate

COMO FAZER – forre o prato com o tecido amarelo (se quiser oferecer à Maria Molambo use um tecido dourado). Misture com as pontas dos dedos um pouco de farinha, uma pitada de sal, três colheres de gordura hidrogenada, azeite e sete gotas da essência e faça uma farofa meio úmida. Coloque a farofa no prato e enfeite com fatias finas de maçã com a casca intercaladas com fatias de pera, fazendo um enfeite colorido. No centro da farofa faça um coração com os morangos e coloque o par de olhos de boneca, pedindo que **Maria Molambinho** traga claridade para sua vida, que lhe traga um amor que só veja você, etc. Ofereça a ela um copo de licor de chocolate e acenda uma vela amarela numa estrada ou em uma encruzilhada de terra.

Presente 100
Para cortar feitiços do seu caminho que estão atrapalhando a vida sentimental

Elementos necessários

- ✓ um alguidar médio
- ✓ um pedaço de pano amarelo
- ✓ sete ovos
- ✓ purpurina dourada
- ✓ farinha de mandioca
- ✓ batata-doce ralada
- ✓ azeite de oliva
- ✓ mel de abelhas
- ✓ pétalas de três rosas amarelas
- ✓ sete velas amarelas
- ✓ um espumante ou um vinho branco

COMO FAZER – coloque o pedaço de pano no alguidar. Borrife um pouco de água nos ovos e passe-os na purpurina, deixando-os dourados. Deixe secar. Misture bem a farinha, uma pitada de sal, a batata-doce ralada, um pouco de azeite e de mel e coloque em cima do pano. Enfeite com os ovos e com as pétalas de rosa. Leve para um campo ou para uma encruzilhada em forma de T. Acenda as velas, abra a bebida, borrife um pouco no presente e despeje o resto ao redor, chamando por **Maria Molambinho** e fazendo seus pedidos.

Presente 101
Para amarrar seu homem, deixá-lo enfeitiçado

Elementos necessários

- ✓ um prato de barro
- ✓ duas cenouras grandes
- ✓ duas colheres de sopa de mel ou melado
- ✓ duas colheres de sopa de azeite de oliva
- ✓ farinha de mandioca
- ✓ duas maçãs verdes
- ✓ duas velas vermelhas
- ✓ uma sidra
- ✓ sal

COMO FAZER – descasque as cenouras, corte em pedaços regulares e leve para cozinha, com uma pitada de sal. Quando estiverem macias, passe no ralador fino ou amasse bem, com um garfo. Acrescente o mel ou o melado, o azeite e um pouco de farinha de mandioca. Una bem os elementos. Escreva a lápis em um papel, o nome do seu amor e coloque no prato. Ponha o purê por cima, faça um formato de coração e enfeite com lascas da maçã verde. Coloque duas velas vermelhas no centro e ofereça a **Maria Molambinho**, pedindo o que deseja numa encruzilhada ou em um campo aberto, limpinho e acenda as velas. Ofereça a sidra num copo e despeje o restante ao redor do presente.

Maria Padilha

Entre as mais populares Pombagiras está Maria Padilha. Majestosa, de porte altivo, é a digna representante das mulheres que não têm medo de nada, exigindo sempre muito respeito. Gosta de luxo, de dinheiro, de boas joias, da boa vida, de música e de boa comida. Sua dança é sensual, pois gosta de seduzir os homens pelos movimentos corporais. Seus clientes geralmente recorrem a ela para atrair amantes, abrir os caminhos, fazer amarrações, pois sabem que ela é rápida e eficiente. Mas ela também é implacável nas questões de demandas.

Presente 102
Para amarrar seu par ou adoçar aquele amor complicado, de difícil trato

Elementos necessários

- ✓ um prato redondo grande (pode ser de alumínio)
- ✓ um pedaço de morim vermelho
- ✓ farinha de mandioca
- ✓ mel
- ✓ azeite de oliva
- ✓ sal
- ✓ sete maçãs
- ✓ purpurina furta-cor
- ✓ sete cigarros

COMO FAZER – misture com as pontas dos dedos, a farinha, o mel e o sal e faça uma farofa meio úmida. Coloque o morim em cima do prato e acrescente a farofa. Lave as maçãs e corte o topo; retire a polpa com cuidado, para não furar a casca, e encha cada uma com mel, para adoçar seu amor ainda mais. Coloque-as em cima da farofa e polvilhe com a purpurina. Entregue numa encruzilhada ou numa praça à **Pombagira Maria Padilha do Cabaré** e peça o que deseja, usando toda a sua fé. Acenda os cigarros e enfeite com eles o presente.

Presente 103
Para amarração ou para conquistar um amor

Elementos necessários

- ✓ uma panela de barro com tampa
- ✓ um coração de boi, cru
- ✓ meio copo de mel de abelha
- ✓ essência de verbena
- ✓ essência de patchouli
- ✓ essência de lótus
- ✓ farinha de mandioca
- ✓ pétalas de três rosas vermelhas
- ✓ açúcar mascavo
- ✓ um pedaço de corrente
- ✓ um cadeado

COMO FAZER – escreva a lápis em sete pedaços de papel o nome do ser amado ou da pessoa que você quer seduzir e coloque-os dentro das cavidades do coração. Ponha o coração em pé dentro da panela de barro, com a parte menor para baixo, e regue com as essências e com o mel. Misture com as pontas dos dedos um pouco de farinha com uma pitada de sal e mel, fazendo uma farofa não muito seca e coloque em volta do coração, para servir de apoio. Espalhe por cima um pouco de açúcar mascavo e enfeite com as pétalas de rosa, sempre fazendo seus pedidos à **Maria Padilha Rainha do Cabaré** e mentalizando somente coisas boas com o seu amor. Tampe a panela, amarre com a corrente e tranque com o cadeado. Se você tiver condições, deixe do lado externo de sua casa por sete dias, acendendo duas velas vermelhas todo dia no mesmo horário, chamando pelo nome do seu amado. Depois, enterre embaixo de uma árvore frondosa, em mata limpa, ou até mesmo em seu quintal.

Presente 104
*Para seduzir e atrair nos locais onde chegar
e fascinar alguém em especial*

Elementos necessários

- um prato redondo grande
- um pedaço de morim vermelho
- farinha de mandioca
- azeite de oliva
- mel de abelhas
- pétalas de rosa vermelha, branca e amarela
- purpurina prata
- um cigarro
- uma vela vermelha
- vinho branco

COMO FAZER – misture a farinha com o azeite, o mel e uma pitada de sal, fazendo uma farofa um pouco úmida. Coloque o pano no prato e ponha a farofa por cima. Enfeite com as pétalas, polvilhe com a purpurina. Leve este presente para uma encruzilhada ou para uma estrada. Acenda o cigarro e a vela, fazendo seus pedidos, sempre com muita fé, e ofereça à **Maria Padilha**. Borrife um pouco do vinho em cima do presente e despeje o restante em volta.

Presente 105
Para melhorar o seu astral ou o de sua casa ou ambiente de trabalho

Elementos necessários

- ✓ um cesto
- ✓ fitas finas, de cores variadas
- ✓ um pedaço de pano estampado
- ✓ maçãs vermelhas
- ✓ purpurina prata ou furta-cor
- ✓ azeite de oliva
- ✓ uma orquídea ou angélica
- ✓ um espumante de boa qualidade

COMO FAZER – enfeite o cesto com as fitas e forre-o com o tecido. Passe as maçãs suavemente no azeite e depois na purpurina. Coloque-as no cesto com a flor no centro. Passeie com o presente por dentro de sua casa e logo após leve para um campo bem bonito e entregue para **Maria Padilha**, conversando com ela e fazendo seus pedidos. Abra o espumante e despeje ao redor do cesto. Boas energias para a sua vida e para o seu dia a dia!

Presente 106

Para lhe trazer alegria, atrair simpatia, fazer uma união com pessoas positivas

Elementos necessários

- um alguidar médio
- farinha de mandioca
- mel
- quatorze cerejas ao marrasquino
- purpurina vermelha
- três rosas vermelhas, meio abertas

COMO FAZER – misture com as pontas dos dedos a farinha com o mel e uma pitada de sal, fazendo uma farofa não muito seca e coloque no alguidar. Rodeie a farofa com as cerejas, colocando no centro as rosas vermelhas. Polvilhe com a purpurina e oferte à **Maria Padilha** em local onde haja movimento, passagem de pessoas, fazendo seus pedidos.

Presente 107
Para amansar seu amor e ter mais atenção, aceitar suas opiniões e decisões

Elementos necessários

- um prato redondo grande
- um pedaço de morim vermelho
- farinha de mandioca
- azeite de oliva
- um pedaço de beterraba crua
- purpurina vermelha e prateada

COMO FAZER – rale a beterraba e misture com a farinha, uma pitada de sal, o azeite. Faça uma farofa úmida. Forre o prato com o morim, coloque por cima a farofa e polvilhe as purpurinas (se quiser, coloque de um lado a purpurina vermelha e do outro a prateada; fica muito bonito!) Ofereça à **Maria Padilha** numa encruzilhada e, com certeza, ela atenderá seus pedidos, feitos com fé e com amor!

Presente 108
Para conquistar e seduzir aquele flerte indeciso

Elementos necessários

- um prato redondo grande
- um pedaço de pano vermelho
- um batom bem vermelho
- farinha de mandioca
- mel
- azeite de oliva
- sal
- três rosas vermelhas meio abertas
- martini rosé
- um cigarro

COMO FAZER – corte o batom em pedaços pequenos e o desmanche na farinha, misturando um pouco de mel, azeite e uma pitada de sal, fazendo uma farofinha não muito seca. Coloque no prato forrado com pano vermelho e ponha no centro as rosas, sem os caules e os espinhos. Leve para uma encruzilhada e ofereça à **Maria Padilha**. Coloque um pouco de martini rosé num copo ao lado do presente, ou despeje em volta do prato. Acenda um cigarro e faça seus pedidos com fé e amor.

Presente 109
Para melhorar relacionamento entre pais e filhos e trazer paz para a família

Elementos necessários

- um prato redondo grande
- farinha de mandioca
- azeite de oliva
- sal
- morangos inteiros e bem lavados
- kiwis lavados e fatiados
- purpurina prateada ou furta-cor

COMO FAZER – faça, com as mãos, uma farofa, misturando a farinha com o azeite e o sal. Coloque no prato e enfeite com os morangos (a parte com as folhinhas deve ficar para baixo) e os kiwis (ou maçã verde). Salpique em volta com a purpurina e ofereça à **Maria Padilha**. Ela vai ficar feliz de receber um presente tão lindo!

Presente 110

Especial para trazer claridade e alegria a pessoas desanimadas, desesperançadas

Elementos necessários

- ✓ um alguidar médio
- ✓ farinha de mandioca
- ✓ uma pitada de sal
- ✓ mel de abelhas
- ✓ uma lata de figo em calda
- ✓ uma rosa vermelha
- ✓ uma vela vermelha
- ✓ sete cigarros
- ✓ uma bebida doce

COMO FAZER – (este presente também pode ser feito para o amor). Misture a farinha com o sal, o mel e um pouco da calda do figo e faça uma farofa meio úmida. Coloque a farofa no alguidar, dê um formato de coração e enfeite, rodeando com os figos. No centro coloque a rosa vermelha. Entregue numa encruzilhada ou numa estrada, colocando em um lugar limpinho. Acenda a vela e os cigarros. Oferte a bebida numa taça ou despeje em volta do presente vagarosamente fazendo seus pedidos à **Maria Padilha**.

Presente 111
Paz, harmonia nos relacionamentos amorosos, familiares ou comerciais

Elementos necessários

- ✓ um alguidar médio ou um prato de barro
- ✓ um pedaço de pano vermelho
- ✓ farinha de mandioca
- ✓ sal
- ✓ uma lata de cerejas em calda
- ✓ mel de abelhas
- ✓ um cigarro
- ✓ uma vela vermelha
- ✓ um vinho rosé

COMO FAZER – junte a farinha, uma pitada de sal, um pouco da calda das cerejas e mel. Mexa com as pontas dos dedos e faça uma farofa úmida. Forre o alguidar com o pano e coloque a farofa por cima, dando a forma de um coração. Ponha em volta as cerejas e duas no centro do coração. Entregue em uma estrada longa, rua bem arborizada ou em uma encruzilhada. Acenda o cigarro, fazendo seus pedidos, conversando com **Maria Padilha**. Espalhe a bebida em volta e acenda a vela.

Presente 112
Para esquentar o coração do seu amor, aumentar o apetite sexual

Elementos necessários

- ✓ sete mamões pequenos
- ✓ um prato grande
- ✓ meio copo de água
- ✓ um copo de açúcar refinado
- ✓ uma colher de chá de chá de camomila
- ✓ uma colher de chá de erva-doce
- ✓ pétalas de duas rosas vermelhas
- ✓ uma vela vermelha
- ✓ uma vela amarela
- ✓ duas rosas amarelas

COMO FAZER – abra os mamões na horizontal. Escreva o nome da pessoa amada, a lápis, em sete pedaços de papel e coloque cada um dentro de um mamão. Feche-os e abra, em cima de cada um, um buraco. Coloque-os no prato. Faça uma calda caramelizada meio rala com a água, o açúcar, o chá de camomila e a erva-doce. Coloque por cima dos mamões, fazendo seus pedidos à **Maria Padilha Rainha das Sete Encruzilhadas**. Deixe em um lugar resguardado de sua casa, por 24 horas, acendendo o dia todo duas velas vermelhas, bem juntinhas. No dia seguinte leve e entregue à natureza, num monte, num local de mata limpa ou numa encruzilhada bem tranquila e limpa.

Presente 113
Para ativar a vida sexual, trazer ânimo, vigor

Elementos necessários

- um prato de barro
- duas beterrabas
- duas colheres de sopa de mel
- duas colheres de sopa de azeite de oliva
- duas claras de ovo batidas em ponto de neve
- farinha de mandioca
- pimenta-branca em pó
- sal
- quatorze velas vermelhas
- maçãs vermelhas
- uma sidra

COMO FAZER – descasque e cozinhe as beterrabas em água com um pouco de sal. Depois passe no ralo fino ou amasse bem, até formar um purê. Acrescente o mel, o azeite, um pouco de farinha, uma colher de chá de pimenta-branca e as claras. Misture bem. Ponha no prato e dê o formato de um coração. Enfeite com rodelas de maçã vermelha. Se for deixar o presente em casa coloque duas velas vermelhas no centro e as mantenha sempre acesas, durante sete dias. Faça seus pedidos à **Maria Padilha** e ofereça a sidra, num copo. Se quiser, assim que o presente ficar pronto, entregue numa encruzilhada ou numa praça.

Pombagira Menina

É uma entidade ainda menina, e por este motivo consegue chegar aonde outras entidades não conseguem. É ajuda poderosa na defesa das famílias, das crianças ou dos adolescentes. Auxilia na cura ou no entendimento das paixões-relâmpago, comuns em adolescentes. Para ela, um amor perdido pode ser recuperado se for realmente amor! Ela compreende a compulsão e a angústia dos jovens. É poderosa na ajuda a pessoas transtornadas.

Presente 114
*Para trazer harmonia, tranquilidade
e adoçar a sua vida*

Elementos necessários

- ✓ um prato grande
- ✓ farinha de mandioca
- ✓ uma garrafa pequena de refrigerante de guaraná
- ✓ cachaça ou bagaceira
- ✓ sete doces achocolatados
- ✓ uma bomba de chocolate
- ✓ sete bolas de gude
- ✓ uma bonequinha de brinquedo pequena

COMO FAZER – misture a farinha com um pouco de guaraná, uma pitada de sal e a cachaça ou bagaceira, preparando, com as pontas dos dedos, uma farofa úmida. Coloque no prato e enfeite com os doces e com as bolas de gude. Ponha a boneca no centro. Leve para uma praça e deixe num local discreto e limpo, fazendo os pedidos para **Pombagira Menina**. Espalhe o resto da cachaça ou bagaceira em volta do presente. Se quiser, acenda um charuto ou um cigarro.

Presente 115
Para conseguir um amor ou conservar o que possui

Elementos necessários
- um alguidar médio
- um pedaço de pano com estampas miúdas
- farinha de mandioca
- mel de abelhas
- azeite de oliva
- meio copo de achocolatado em pó
- cachaça
- sete bombons
- uma boneca pequenininha
- uma vela cor-de-rosa, uma branca e uma azul
- três rosas vermelhas

COMO FAZER – forre o alguidar com o tecido. Depois misture com as pontas dos dedos a farinha com três colheres de sopa de achocolatado, uma pitada de sal, um pouco de mel, de azeite de oliva e de cachaça, fazendo uma farofa úmida. Coloque em cima do pano. Contorne com os bombons e com as rosas, e ponha no centro a boneca. Leve a seguir para um campo florido e coloque em local limpo. Tenha cuidado ao acender as velas. Faça seus pedidos à **Pombagira Menina** e, tão logo consiga o que pediu, pode repetir o presente, em agradecimento.

Presente 116
*Para afastar a solidão, tirar
a melancolia e trazer felicidade*

Elementos necessários

- uma travessa de louça ou de barro
- um pedaço de pano cor-de-rosa
- farinha de mandioca
- mel de abelhas
- sete caquis
- uma maçã vermelha
- purpurina furta-cor e dourada
- sete rosas brancas
- azeite de oliva
- perfume de sua predileção
- vinho rosé

COMO FAZER – forre a travessa com o pano. Faça, com as pontas dos dedos uma farofa não muito úmida com a farinha, uma pitada de sal e o mel e coloque na travessa. Ponha em cima os caquis e no centro a maçã vermelha passada na purpurina furta-cor. Regue as rosas com um pouco de azeite e espalhe a purpurina dourada, colocando-as para enfeitar a farofa. Leve o presente para uma praça ou uma encruzilhada arborizada e deixe embaixo de uma árvore. Borrife um pouco do perfume no presente. Espalhe o vinho rosé em volta, chamando pela **Pombagira Menina** e fazendo a ela os seus pedidos que, com certeza, serão atendidos.

Presente 117
Para trazer paz e harmonia em ambientes de confusão

Elementos necessários
- um alguidar médio
- farinha de mandioca
- mel de abelhas
- azeite de oliva
- sete colheres de água de flor de laranjeiras
- sete tipos de frutas (menos banana)
- sete ramos de trigo
- sete cravos brancos ou sete rosas brancas
- um espumante
- uma cigarrilha

COMO FAZER – Junte a farinha, uma pitada de sal, um pouco de mel e de azeite, a água de flor de laranjeiras e misture bem, fazendo uma farofa levemente úmida. Coloque dentro do alguidar e enfeite com as frutas bem lavadas e picadas. Distribua os cravos e os ramos de trigo ao redor, pedindo o que deseja à **Pombagira Menina**. Leve para uma encruzilhada ou para um campo florido e limpo. Beba um pouco do espumante, borrife um pouco no presente e espalhe o restante em volta. Acenda a cigarrilha e continue conversando com a pombagira, pedindo equilíbrio e harmonia para a sua vida e para o ambiente desarmonizado.

Sete Encruzilhadas

Mulher sensual, bela, elegante no trajar, tranquila no falar e no gestual. Mostra--se calma no atendimento aos que a procuram, mas é ágil e está em todos os cantos, sempre diposta a ajudar e atender aos pedidos. Vitoriosa em atender aos apaixonados e aos necessitados, de modo geral.

Presente 118
*Excelente para melhorar vendas,
ter mais êxito em seu trabalho*

Elementos necessários

- um alguidar grande
- farinha de mandioca
- azeite de oliva
- sal
- um pimentão vermelho grande
- um pimentão verde grande
- um pimentão amarelo grande
- uma cenoura pequena descascada e ralada
- pimentas vermelhas
- folhas de alface lavadas e secas
- purpurina prata, amarela e vermelha
- vinho tinto

COMO FAZER – (este presente também é excelente para ativar um amor ou para dar movimento à sua vida). Misture a farinha com a cenoura descascada, o sal, o azeite e reserve. Lave, seque bem e abra na parte de cima os pimentões; tire as sementes e coloque em cada pimentão um pouco de farofa. Enfeite o prato com as folhas de alface e coloque por cima o restante da farofa. Ponha por cima os pimentões e dentro de cada um coloque uma pimenta, enfeitando com as outras ao redor. Polvilhe cada pimentão com uma cor de purpurina diferente. Vá fazendo seus pedidos e ofereça à **Pombagira das Sete Encruzilhadas,** numa encruzilhada em forma de T, à noite. Borrife um pouco do vinho no presente e despeje o restante em volta, perfumando o presente. Ela vai gostar muito deste presente.

Presente 119
Muito bom para a sedução!

Elementos necessários
- um prato redondo grande
- um pedaço de pano vermelho
- um pedaço de pano preto
- três bombons
- farinha de mandioca
- mel
- azeite de oliva
- sal
- sete rosas vermelhas bem bonitas
- martini rosé
- um cigarro

COMO FAZER – corte os bombons em pedaços pequenos. Misture-os com as pontas dos dedos com a farinha, o mel, o azeite e uma pitada de sal, fazendo uma farofa úmida. Forre o prato com o pano preto por baixo e o vermelho por cima. Coloque a farofa e ponha no centro uma rosa e as demais ao redor, sem os caules e sem os espinhos. Leve para uma encruzilhada e ofereça à **Pombagira das Sete Encruzilhadas**. Borrife um pouco de martini rosé no presente e o restante despeje em volta do prato. Acenda um cigarro e faça seus pedidos com fé e amor.

Rosa Caveira

Considerada grande curandeira, é uma mulher misteriosa e muito prestativa em ajudar ao ser humano. Gosta de trabalhar no cemitério, pela tranquilidade e pela paz do lugar. Mas também pode ser encontrada e agraciada nas encruzilhadas.

Presente 120
Para ajudar pessoas tímidas e retraídas a libertarem o seu potencial

Elementos necessários

- um alguidar médio
- farinha de mandioca
- azeite de oliva
- sal
- uma cenoura pequena lavada e ralada
- folhas de alface lavadas
- uma rosa vermelha e uma rosa amarela, sem os caules
- um cigarro
- uma garrafa de vinho tinto

COMO FAZER – misture a farinha com o azeite, o sal e a cenoura ralada, fazendo uma farofa úmida. Forre o alguidar em volta com as folhas de alface e ponha a farofa em cima. Coloque no centro as rosas, já meio abertas. Ofereça à **Pombagira Rosa Caveira** em uma encruzilhada de T e converse com ela, fazendo seus pedidos. Acenda o cigarro e coloque-o no presente. Borrife algumas gotas de vinho no alguidar e despeje o resto em volta do presente.

Presente 121
Para amansar seu amor e ter mais atenção dele

Elementos necessários
- ✓ um prato redondo grande
- ✓ um pedaço de morim vermelho
- ✓ farinha de mandioca
- ✓ azeite de oliva
- ✓ um pedaço de beterraba crua
- ✓ purpurina vermelha e prateada
- ✓ sete rosas vermelhas entreabertas

COMO FAZER – rale a beterraba e misture com a farinha, uma pitada de sal, o azeite e pétalas de uma das rosas. Faça uma farofa úmida. Forre o prato com o morim, coloque por cima a farofa e polvilhe as purpurinas (de um lado coloque a purpurina vermelha e do outro a prateada, fazendo uma bela composição de cores). Corte os caules das rosas e enfeite a farofa com elas. Ofereça à **Rosa Caveira** numa encruzilhada ou num jardim bem bonito. Ela vai adorar este presente e, com certeza, atenderá seus pedidos.

Rosa Vermelha do Cabaré

Pombagira que gosta de roupas extravagantes, muito vaidosa. Voluptuosa, sensual, costuma ser muito animada e agrada pelo seu sorriso. É muito procurada pelas pessoas que trabalham ou frequentam a noite, os cabarés, as boates. Também pelos profissionais do sexo, que estão sempre em busca de seu auxílio, e que às vezes necessitam dar um outro sentido à sua vida. Elegantes, costumam usar chapéus em suas festas, o que as torna ainda mais femininas e portentosas. Uma rosa vermelha nos cabelos é sua marca registrada.

Presente 122
Excelente para pessoas que frequentam a noite e para atrair amores

Elementos necessários

- um alguidar médio
- um pedaço de pano vermelho
- duas maçãs vermelhas
- farinha de mandioca
- azeite de oliva
- sal
- um ovo cru de galinha caipira
- rosas vermelhas sem os caules
- purpurina dourada
- uma cigarrilha com piteira

COMO FAZER – forre o alguidar com o pano vermelho. Misture com as mãos a farinha, o azeite, o sal e as maçãs bem picadinhas e com casca fazendo uma farofa meio úmida e coloque no alguidar com o ovo no centro. Rodeie a farofa com as rosas vermelhas. Leve este presente para uma encruzilhada ou deixe próximo a uma casa de shows, em local discreto. Ofereça à **Pombagira Rosa Vermelha do Cabaré**, converse com ela e faça seus pedidos, com muita fé. Acenda o cigarro e coloque em cima do presente.

Presente 123
Para lhe trazer alegria, atrair simpatia, positividade

Elementos necessários
- um alguidar médio
- farinha de mandioca
- mel
- quatorze cerejas ao marrasquino
- purpurina vermelha
- três rosas vermelhas meio abertas

COMO FAZER – misture com as pontas dos dedos a farinha com o mel e uma pitada de sal, fazendo uma farofa não muito seca, e coloque no alguidar. Rodeie a farofa com as cerejas, colocando no centro as rosas vermelhas. Polvilhe com a purpurina e oferte à **Pombagira Rosa Vermelha do Cabaré** em local movimentado, próximo a bares, restaurantes, e faça seus pedidos.

Rosa Vermelha

Jovem, alegre, belíssima, sensual, porém muito discreta, é uma força poderosa dos grandes amantes, dos que sofrem por amor. É envolvente e muito suave, possuindo um charme incomum. Atua também no cemitério, nas encruzilhadas, nos cabarés e nas casas noturnas.

Presente 124
Para tirar a solidão, ajudar a arranjar um amor ou uma boa amizade

Elementos necessários

- um prato de barro
- creme de arroz
- uma pitada de sal
- mel de abelhas
- azeite de oliva
- essência de morango
- sete rosas vermelhas sem os caules
- um cacho de uva rubi
- uma vela vermelha
- uma garrafa de Campari ou vinho rosé

COMO FAZER – misture com as pontas dos dedos o creme de arroz, uma pitada de sal, mel, azeite de oliva e sete gotas da essência. Faça uma farofa úmida e coloque no centro do prato. Enfeite em volta com as rosas vemelhas e coloque no centro o cacho de uva. Entregue este presente numa encruzilhada, acenda a vela e coloque um copo com o Campari ou o vinho; o restante da bebida espalhe em volta. Converse com a **Pombagira Rosa Vermelha** e faça seus pedidos.

Presente 125
Para trazer mais fogo no relacionamento sexual

Elementos necessários
- ✓ um alguidar médio
- ✓ dois copos de água
- ✓ um copo de açúcar
- ✓ sete maçãs vermelhas bem bonitas
- ✓ morangos
- ✓ essência de rosa vermelha
- ✓ sete rosas vermelhas sem os caules
- ✓ uma bebida doce

COMO FAZER – faça uma calda rala com a água e o açúcar. Acrescente as maçãs e dê uma leve cozida. Retire as maçãs e coloque no alguidar. Na calda acrescente alguns morangos bem grandes e bem lavados e retire rapidamente. Ponha os morangos em volta das maçãs. Deixe a calda ficar um pouco mais densa, coloque sete gotas da essência e espalhe por cima das frutas. Espere esfriar e enfeite com as rosas vemelhas. Leve o presente para um lugar bem bonito, acenda uma vela vermelha e espalhe a bebida em volta. A **Pombagira Rosa Vermelha** vai adorar este presente, que fica muito bonito e muito cheiroso.

Presente 126

Para afastar a solidão, trazer felicidade e um amor para a sua vida

ELEMENTOS NECESSÁRIOS

- uma travessa de louça ou de barro
- um pedaço de pano com estampas vermelhas
- farinha de mandioca
- mel de abelhas
- sete caquis lavados
- um cacho de uva rubi
- purpurina furta-cor
- sete rosas vermelhas
- azeite de oliva
- perfume de sua predileção
- vinho rosé

COMO FAZER – forre a travessa com o pano. Faça com as pontas dos dedos uma farofa não muito úmida com a farinha, uma pitada de sal e o mel e coloque na travessa. Ponha em cima os caquis e no centro o cacho de uva, passado na purpurina furta-cor. Enfeite com as rosas, sem os espinhos e os caules. Leve o presente para uma praça, uma encruzilhada ou uma estrada longa. Borrife um pouco do perfume no presente. Espalhe o vinho rosé em volta do presente, chamando pela **Pombagira Rosa Vermelha** e fazendo a ela os seus pedidos que, com certeza, serão atendidos.

Presente 127

Para esquentar o coração do seu amor, aumentar o apetite sexual

Elementos necessários

- ✓ sete mamões pequenos
- ✓ um prato grande
- ✓ meio copo de água
- ✓ um copo de açúcar refinado
- ✓ uma colher de chá de chá de camolia
- ✓ uma colher de chá de erva-doce
- ✓ pétalas de duas rosas vermelhas
- ✓ velas vermelhas

COMO FAZER – abra os mamões na horizontal. Escreva o nome da pessoa amada, a lápis, em sete pedaços de papel e coloque cada um dentro do mamão. Feche os mamões e abra em cima de cada mamão uma cavidade. Coloque-os no prato. Faça uma calda caramelizada meio rala com a água, o açúcar, o chá de camomila e a erva-doce. Coloque por cima dos mamões, fazendo seus pedidos à **Pombagira Rosa Vermelha**. Deixe num lugar resguardado em sua casa, por 24 horas, acendendo o dia todo duas velas vermelhas, bem juntinhas. No dia seguinte leve e entregue à natureza, num monte, num local de mata limpa ou numa encruzilhada bem tranquila e limpa. Boa sorte e grandes amores!

Um presente especial
Ponche para o Exu ou a Pombagira de sua predileção

Elementos necessários

✓ uma garrafa de espumante
✓ uma garrafa de vinho
✓ frutas picadas: maçã, pera, uvas

COMO FAZER – coloque numa poncheira bonita o espumante e o vinho (se for para Maria Padilha pode colocar um pouco de aniz ou de martini rosé) e acrescente as frutas. Deixe descansar um pouco. Arrume um local e forre com uma toalha ou um pedaço de pano bonito e ofereça à entidade de sua preferência, fazendo seus pedidos. Se quiser, coloque um jarro com algumas flores e acenda uma vela vermelha.

(Este presente é mais indicado para quem tem o assentamento de seu Exu ou de sua Pombagira. Mas, se não tiver, ponha num canto bem limpinho, de preferência fora de sua casa ou apartamento – numa varanda ou numa área – e ofereça da mesma forma, com fé e com amor.)

POVO CIGANO

Presente 128
Para fazer uma boa viagem, com diversão e alegria, sem brigas e confusões

Elementos necessários

- ✓ um prato raso e grande
- ✓ um pacote de trigo de quibe
- ✓ água quente
- ✓ sal
- ✓ mel
- ✓ azeite de oliva
- ✓ folhas de hortelã
- ✓ um pepino

COMO FAZER – coloque o trigo de quibe no prato, acrescente água quente, sal, um pouco de mel e de azeite de oliva. Misture bem e acrescente folhas de hortelã picadas. Arrume no prato e enfeite ao redor com rodelas de pepino. Coloque num gramado limpinho, em local ensolarado e florido.

Presente 129
Cesto para os Ciganos (1) – para atrair paz e tranquilidade para sua vida, sua casa, seu comércio

Elementos necessários

- um cesto de vime
- pano colorido, estampado
- um lenço colorido grande
- frutas a seu gosto
- ramos de trigo

COMO FAZER – forre o cesto com o pano. Lave e seque bem as frutas e ponha dentro do cesto. Enfeite com os ramos de trigo. Coloque o lenço em volta do cesto, dando um bonito laço. Leve a um campo aberto e limpo. Deixe embaixo de uma árvore frondosa e esguia, sem espinhos, chamando pelo **Povo Cigano**, ou pelo Cigano de sua preferência, fazendo seus pedidos. Se quiser coloque no presente um pandeirinho enfeitado com fitas coloridas e borrife em volta um espumante... ciganos gostam muito de música, de alegria e de bebida.

Presente 130

Cesto para os Ciganos (2) – para atrair um amor, coisas boas e positividade

Elementos necessários

- ✓ um cesto grande
- ✓ fitas finas e de cores variadas
- ✓ um pedaço de pano prateado ou dourado
- ✓ sete melões
- ✓ trigo de quibe
- ✓ uma pitada de sal
- ✓ azeite de oliva
- ✓ mel de abelhas
- ✓ canela em pó
- ✓ canela em pau
- ✓ ramos de trigo
- ✓ pétalas de rosas ou de flores do campo de diversas cores
- ✓ se quiser, bijuterias à sua escolha, prateadas ou douradas
- ✓ champanhe, vinho rosé ou um espumante
- ✓ um pedaço de cristal ou de quartzo

COMO FAZER – enfeite o cesto com lacinhos feitos com as fitas coloridas, e forre com o pedaço de pano. Corte o topo dos melões, deixando a tampa ao redor e retire as sementes (jogue em um gramado, não jogue no lixo). Coloque-os um no centro do cesto e os outros em volta. Misture com as pontas dos dedos a farinha, o sal, o azeite, o mel e uma colher de chá de canela em pó, fazendo uma farofa úmida. Coloque um pouco da farofa dentro de cada melão. Enfeite em volta deles com os ramos de trigo e pedaços de canela em pau. Espalhe as pétalas das flores ao redor e, se puder, coloque algumas bijuterias, como pulseiras e brincos dourados. Leve para uma estrada ou para um campo bonito e florido. Borrife um pouco da bebida no presente e coloque o restante em volta. Coloque o cristal ou o quartzo no melão do meio. Chame pelo **Povo Cigano**, ou pelo Cigano de sua predileção, converse com ele e faça seus pedidos. Estas forças da natureza são muito poderosas e gostam de atender aos seres humanos que a eles recorrem.

Presente 131
Banho sensual dos ciganos

Elementos necessários
- pétalas de rosas brancas, amarelas e vermelhas
- essência de verbena
- essência de patchouli

COMO FAZER – (Este banho deve se repetir por três dias, fazendo sempre no dia em que for usar, para estar fresquinho.) Coloque dois litros de água em uma panela e deixe ferver. Acrescente as pétalas das rosas e algumas gotas das essências. Desligue, tampe e deixe amornar. Tome seu banho diário e, logo após, jogue o preparado em seu corpo, do pescoço para baixo, bem devagar. Não se enxugue logo, deixe o banho agir por alguns minutos. Se puder, use uma peça de roupa nas cores branco com turquesa ou branco com dourado/prateado.

Presente 132
Banho dos ciganos para fortalecimento

Elementos necessários
- um lenço estampado grande
- sete frutas variadas
- uma colher de sopa de açúcar cristal
- essência de patchuli
- essência de verbena
- essência de lótus
- pétalas de rosas brancas, amarelas e vermelhas

COMO FAZER – Na época da Lua Cheia ou Crescente, pique as frutas e misture com o açúcar, as essências e as pétalas de rosas. Tome seu banho diário. Ainda sem roupa, abra o lenço no chão, fique em cima do lenço e vá passando este banho no seu corpo, fazendo seus pedidos, solicitando ajuda às forças ciganas. Leve o lenço para um campo bem bonito e deixe-o, aberto, em local onde o Sol esteja iluminando a grama.

Presente 133
Banho dos ciganos para a felicidade

ELEMENTOS NECESSÁRIOS
- ✓ duas maçãs verdes picadas
- ✓ uma colher de sopa de açúcar refinado
- ✓ pétalas de duas rosas brancas
- ✓ essência de baunilha
- ✓ um pedaço de pano amarelo ou branco

COMO FAZER – misture as maçãs, o açúcar, as pétalas de rosas e dezesseis gotas da essência de baunilha. Tome seu banho diário e enxugue-se. Ponha o pano no chão, fique em pé em cima e depois, delicadamente, passe essa mistura pelo corpo, mentalizando somente coisas boas. Os elementos que forem caindo coloque no pano e leve para um local alto ou para um gramado bem bonito. Abra o pano com e coloque num lugar onde o Sol ilumine aquele resto do banho. Ofereça ao **Povo Cigano** e peça que eles tragam paz, tranquilidade, que livrem você da depressão, da tristeza, da melancolia, etc.

FEITIÇOS PARA SUA DEFESA

Para afastar pessoa indesejável
(ofertar para o Exu de sua preferência)

Elementos necessários
- sete corações de galinha
- sete alfinetes de costura
- pó de carvão

COMO FAZER – escreva a lápis em um papel o nome da pessoa que você deseja afastar. Enfie o papel na artéria que existe no coração de galinha e feche com um alfinete. Passe cada coração no pó de carvão. Leve para uma mata e procure uma árvore seca. Pendure, com barbante ou linha grossa, em um galho, os corações, pedindo que o Exu afaste dos seus caminhos aquela pessoa, que ela lhe esqueça, etc. Após conseguir o que pediu, faça um presente para agradecer ao Exu.

Para afastar uma pessoa de sua vida

(para o Exu de sua predileção)

Elementos necessários

- uma berinjela grande
- sete tipos de pimenta
- óleo de rícino
- quatorze alfinetes de costura
- um pedaço de pano preto

COMO FAZER – abra a berinjela na horizontal e retire um pouco de polpa com cuidado para não furá-la. Escreva os nomes das pessoas que deseja separar em dois pedaços de papel, a lápis. Coloque um de costas para o outro dentro da berinjela. Ponha por cima um pouco de óleo de rícino e as pimentas. Feche a berinjela e espete os alfinetes, fazendo seus pedidos. Enrole no pano preto e leve para um local onde haja uma árvore seca e enterre embaixo. Peça ao seu Exu preferido que o amor de (fale o nome) seque e que ele suma dos caminhos e da vida de (fale o nome). Quando conseguir o que pediu, dê um presente para este Exu, em agradecimento.

Para quebrar a força do seu inimigo
(para o seu Exu preferido)

Elementos necessários

- uma panela de barro
- sete folhas de taioba
- sete pimentas-malaguetas
- pó de carvão
- sete alfinetes de costura
- óleo de rícino
- fita preta

COMO FAZER – dê uma rápida fervura nas folhas de taioba e depois seque-as com cuidado em um pedaço de pano. Coloque dentro de cada folha um pouco de pó de carvão e uma pimenta. Enrole e passe um pedaço de fita, dando um nozinho. Enfie um alfinete em cada folha. Coloque na panela um pedaço de papel com o nome do seu inimigo escrito a lápis e cubra com pó de carvão e com um pouco de óleo de rícino. Enterre embaixo de uma árvore com espinhos, pedindo ao Exu de sua preferência que quebre as forças do seu inimigo, que ele não lhe veja, não lhe perturbe, vá para bem longe, etc. Ao conseguir o que pediu, dê ao Exu um presente, para agradá-lo.

ZÉ PELINTRA

Mestre Zé Pelintra

Uma pequena informação aos consulentes e aos simpatizantes de Zé Pelintra: essa entidade não pertence ao grupo dos Exus. Zé Pelintra está ligado à falange dos Malandros e Malandras.

Exu é o senhor, o dono; aquele que domina e cuida das encruzilhadas, das ruas, dos diversos tipos de cruzamentos, mas que recebe também as suas oferendas nos cemitérios, nas porteiras, nas estradas, nos campos, nos rios, nas cachoeiras, nos mares, pois cada canto do mundo tem o domínio de um Exu. Zé Pelintra, ao contrário, cuida das vielas dos morros, dos becos escuros, das ladeiras, protege os botequins, os bares, os botecos simples da beira das estradas. Vigia os cabarés, as casas de shows. Enfim, seu domínio são os locais muito movimentados, onde haja festa, alegria, mulheres, danças, bebidas, todos protegidos e cuidados por ele. E é próximo a esses locais que ele gosta de receber suas oferendas.

Porém, essa divisão e essa diferença não provocam choque entre ambos, nem os tornam inimigos ou adversários. Pelo contrário, esses elementos fazem com que ambos se respeitem e se ajudem nas necessidades.

Zé Pelintra usa as ruas e as encruzilhadas de Exu para ir e vir, e Exu também aprecia e compartilha com Zé Pe-

lintra comunhão entre os homens e as entidades, na hora das festas, da comida, da bebida, da música e da dança. É comum em muitas casas de umbanda que os petiscos de Zé Pelintra sejam arrumados no chão, em cima de tecidos especiais. Isso é bem normal. Outras casas, porém, por acharem Zé Pelintra um malandro especial, mais refinado, e também para maior conforto dos convidados, preferem ofertar seus petiscos em uma mesa arrumada também com linda toalha. As duas formas agradam Zé Pelintra, que só quer festa!

Tanto Exu quanto "seu Zé" estão sempre prontos a ajudar o ser humano em suas necessidades. Deste modo, as duas entidades ensinam que as diferenças se complementam e se ajudam.

O catimbó é um sistema religioso de culto e de louvação nas crenças calcadas no respeito à ancestralidade e às forças da natureza. Tem grande ênfase popular nas regiões Norte e Nordeste do Brasil. É originário da união do conhecimento dos nossos índios com o dos negros africanos, principalmente dos oriundos da nação Bantu. Os povos trocavam conhecimentos das ervas, das plantas e do respeito aos seus ancestrais. E também partihavam a ligação com a arte das danças, da musicalidade e das roupas coloridas.

Os negros escravos provinham principalmente dos "candomblés de caboclo", muito conhecidos na Bahia. Esses povos também tinham uma ligação, muito necessária no passado, com os santos da religião católica, e acabaram criando um sincretismo religioso que permanece até os dias atuais.

A força mágica do catimbó reside nos chás medicinais de ervas, que ajudam na cura de diversos males, nos banhos de folhas específicas e especiais, que ajudam a quebrar e a cortar quebrantos e feitiços. A religião também é muito forte nas benzeduras, nos unguentos, nas amarrações, nos patuás sagrados, nas garrafadas medicinais e ditas milagrosas.

As entidades mais importantes do catimbó são os caboclos, muito procurados por todo tipo de pessoas, independentemente de sua posição social. Porém, nos pequenos povoados dos sertões nordestinos, em locais carentes de outras ajudas, muitas vezes é a figura do Caboclo que traz alívio, pois ele passa a ser considerado uma ajuda divina.

Mas o catimbó tem a figura de uma entidade que é o ícone de representatividade deste sistema religioso. E seu nome já corre o mundo, ultrapassando as fronteiras das duas regiões brasileiras. Esta entidade chama-se ZÉ PELINTRA!

Um sertanejo com o estereótipo do malandro brasileiro, um verdadeiro representante do homem forte e valente do sertão. Mulato sestroso, malandro brejeito, sensual e viril, sempre com um cachimbo ou cigarro de palha na boca de sorriso enigmático.

É muito difícil uma festa nas casas de catimbó que não tenha a presença de Zé Pelintra. Ele faz questão de estar sempre presente, cuidando, aconselhando, orientando, protegendo a casa e as pessoas que ali se encontram.

Sempre elegante em seu terno e camisa social brancos, usa gravata ou lenço vermelho no pescoço, calça sandálias de solado de borracha ou, muitas vezes, prefere dançar descalço. Mas, sem perder o charme, o gingado e nem a graciosidade máscula. Um cajado lhe faz as vezes de bengala.

Alguns séculos atrás, a bengala era a representação da elegância de um cavalheiro. Os malandros, quando se aperceberam desse detalhe, logo começaram a usar, notando que ela lhes dava um ar requintado e até certo charme. E a bengala logo passou a fazer parte do seu vestuário, muitas vezes também sendo preparada para ser usada como arma de defesa.

Zé Pelintra não aparece sem seu chapéu, seja de palha, de couro, de panamá ou até mesmo uma cartola, pois o chapéu também é uma de suas maiores representações.

Nas casas de catimbó, Zé Pelintra em alguns momentos bebe cachaça pura, muitas vezes fabricada pelas pessoas do local. Mas não é uma entidade que faça uso constante e exagerado de bebidas.

Excelente dançarino, nas festas dos catimbós nordestinos dança do xote ao xaxado, passando pelo forró, sempre inebriando a todos com seu passinho miudinho, sua graça e sua alegria contagiante.

Mulherengo e brincalhão, conquista a todos com seu olhar magnetizador, que parece ler o que vai no íntimo de cada um. Muitas vezes é através do seu olhar que descobre os que necessitam de sua ajuda, pois em certos momentos prefere ficar parado, encostado em um poste iluminado, seu ponto principal, e observar tudo ao seu redor.

Considerado como um grande catimbozeiro, ele trabalha com ervas, orações, defendendo e ajudando os pobres, os abandonados pela sorte. Ajuda crianças e jovens, orientando-os a pensar no futuro e a perseguirem no presente o que desejam para uma vida melhor. Aconselha todos a afastarem-se dos vícios e das drogas. A entidade Zé Pelintra não utiliza drogas para ajudar os que o procuram. Portanto seu cavalo também não deve usá-las, com o pretexto de que "seu Zé" gosta.

As mulheres e os homens recorrem a ele em busca de novos amores, do retorno de um amor perdido, de ajuda para arranjar emprego, para problemas complicados de saúde, ajudar um filho a deixar as más companhias, afastar um inimigo de seus caminhos e muito mais.

Com a modernização dos tempos, e com as maiores facilidades de locomoção, por volta de 1920/1930, Zé Pelintra começou a "baixar" nas Casas de Umbanda do Rio de Janeiro. A partir daí, tornou-se a entidade emblemática do homem de vivência invejável, conquistador, ganhando a fama de "saber ser malandro" na terra da malandragem, a Lapa. "*Malandro não nasce, ele se faz e se aprimora!*"

Tornou-se logo exemplo na Lapa, a zona boêmia do Rio de Janeiro na época. E este local se tornou seu reduto. Música, rodas de samba, cerveja gelada, petiscos, mulheres bonitas e perfumadas, cabarés com mulheres precisando de proteção.

Zé Pelintra é da época em que os malandros tinham que estar sempre na defesa, pois além de valentões, eram muito brigões e destemidos. Sendo assim, angariavam diversos inimigos. Nos jogos de carteado, por exemplo, viviam sempre atentos, pois muitos perdiam a vida nessas ocasiões, pelos atos de malandragem executados entre eles mesmos.

Para se defenderem melhor, muitos malandros se dedicaram a aprender defesa pessoal e, então, procuraram ajuda na capoeira. Essa luta lhes dava maleabilidade para se protegerem de outros malandros e também da polícia, que estava sempre em seu encalço.

Patronos e protetores de muitos cabarés e de muitas prostitutas, os malandros também precisavam estar sempre a postos para auxiliá-las, recebendo muito bem para isso. Quando se apaixonavam, exigiam exclusividade da mulher, mas a recíproca não era verdadeira, pois sua escolhida tinha que aceitar vê-lo acolhido e acolher outras mulheres! Uma verdadeira vida de mulher de malandro!

Zé Pelintra, nas Casas de Umbanda do Rio de Janeiro, veste-se com mais esmero, com mais requinte, pois se acostumou com o modo da cidade cosmopolita. Terno branco, com camisa branca ou vermelha, gravata combinando, sapato branco com biqueira vermelha, cravo ou lenço vermelho no bolso do terno, chapéu panamá. Charuto refinado, perfumes caros e sempre uma linda bengala.

Esse refinamento também provém das pessoas que trabalham com seu Zé, que fazem questão de vesti-lo com o melhor que podem comprar, pois muitas vezes a entidade os ajudou e eles querem retribuir. Em outros momentos, quando seus clientes têm seus desejos atendidos, também agradecem com objetos refinados.

Mas, apesar de toda essa elegância, seu Zé vem mesmo é para trabalhar e para ajudar o ser humano. Ele escolhe com quem quer falar, porque conhece as necessidades de cada um. É importante dizer que Zé Pelintra não cria laços de amizade com nenhum cliente. Não é do seu feitio, do seu modo de trabalhar. Ajuda, recebe e pronto.

Conversador, de fala macia e sensual, bom ouvinte, conquistador. Um olhar hipnotizador, um sorriso maroto, mas por vezes enigmático, que não demonstra o que está sentindo. Apesar de toda essa personalidade controversa, Zé Pelintra é uma entidade que procura sempre dar uma solução para os problemas dos que o procuram.

Faça seus pedidos para saúde, amor, prosperidade, união, paz, sorte, tranquilidade, harmonia, ajuda na manutenção de emprego. Peça também calma nos ambientes de festas, peça para afastar perseguições e inimigos dos seus caminhos, conseguir um emprego, afastar amante do seu amor e infinitas outras necessidades que as pessoas têm. Mas use dois ingredientes muito importantes: a certeza do que deseja e a FÉ, pois sem ela nada se consegue! Quem recebe dá; quem dá recebe!

Protetor dos trabalhadores das madrugadas, é também o protetor emérito dos proprietários e dos trabalhadores de lanchonetes, restaurantes, bares, boates, hotéis, cabarés. Estes são seus locais preferidos, pois produzem seus pratos favoritos: os petiscos e os aperitivos. E é nesses locais onde a vida é uma eterna festa, onde os amigos se encontram para conversar, e onde muitas vezes também nascem os grandes amores.

Boa festa e grandes conquistas!

Quitute 1

Elementos necessários
- um alguidar
- um pedaço de pano vermelho
- farinha de mandioca
- óleo de copaíba
- um pênis de cera
- testículos de cera
- folhas de alface ou chicória
- cachaça ou rum

COMO FAZER – (Presente muito útil para aquele homem namorador, viril, de muitas mulheres. Serve para unir e também para melhorar e ativar o desempenho sexual.)
  Coloque o pano em cima do alguidar e enfeite com as folhas de alface ou chicória. Faça uma farofa com a farinha, uma pitada de sal e um pouco do óleo de copaíba e ponha em cima das folhas. No centro da farofa coloque o pênis e o testículo, formando o órgão sexual. Passe o alguidar simbolicamente pelo seu corpo, principalmente pelos seus órgãos genitais, fazendo seus pedidos a **Zé Pelintra**. Leve para uma encruzilhada ou para uma estrada e coloque em uma esquina. Espalhe ao redor a bebida e acenda um charuto.

Quitute 2

Elementos necessários

✓ uma abóbora moranga ou baiana
✓ carne-seca dessalgada cortada em lascas grossas
✓ tomate, cebola, pimentão, cheiro-verde, coentro
✓ azeite de oliva
✓ cerveja
✓ cigarro de palha
✓ um cravo branco ou vermelho

COMO FAZER – abra a abóbora e retire as sementes. Dê uma leve fervura na abóbora, sem deixar amolecer demais. Refogue bem a carne-seca e deixe cozinhar um pouco. Depois, coloque os temperos picadinhos e deixe ferver em fogo baixo. Quanto estiver pronta coloque dentro da abóbora e regue com bastante azeite de oliva. Forre um prato com folhas de alface e coloque a abóbora. Coloque ao lado um garfo e uma faca, um copo com cerveja e um cigarro de palha aceso. Ponha o cravo ao lado da abóbora. Deixe este presente em local próximo a comércio de grande movimento, em uma praça ou em locais de subida.

Quitute 3

Elementos necessários
- carne de sol dessalgada cortada em lascas grossas
- gordura de coco ou manteiga de garrafa
- cebola
- alho
- farinha de mandioca crua
- azeitona
- cerveja
- cigarro de palha

COMO FAZER - Cozinhe bem a carne de sol até amolecer e depois frite na gordura de coco ou na manteiga de garrafa. Acrescente a cebola cortada em rodelas grossas, alho picado, azeitona e farinha suficiente para fazer uma boa farofa. Acrescente uma pitada de sal. Coloque num prato, com um garfo ao lado. Acompanha um copo de cerveja bem gelada e um cigarro de palha.

Quitute 4

Elementos necessários
✓ uma abóbora cortada em fatias
✓ carne-seca dessalgada, cortada em fatias pequenas
✓ tomate, pimentão, cebola, coentro, cheiro-verde
✓ azeitonas pretas
✓ caipirinha
✓ cigarro de palha
✓ um chapéu de palha

COMO FAZER – Cozinhe a abóbora, sem deixar desmanchar. Leve a carne-seca ao fogo até amolecer e acrescente os temperos acima, fazendo um molho bem grosso e gostoso. Coloque a abóbora num prato, a carne-seca por cima e enfeite com as azeitonas pretas. Ponha um copo com caipirinha, o cigarro aceso e o chapéu ao lado.

Quitute 5

Elementos necessários
✓ um robalo ou badejo
✓ camarões descascados
✓ cebola, tomate, pimentão, coentro, cheiro-verde
✓ vermute

COMO FAZER – Escame e limpe bem o peixe. Faça com o camarão e os temperos um molho bem grosso, coloque dentro do peixe e leve para assar no forno. Quando estiver pronto, coloque num prato e sirva para Zé Pelintra com um arroz branco bem fresquinho. Não esqueça de colocar os talheres ao lado, com um copo de vermute e um cigarrinho de palha. Se puder, leve um chapéu do tipo panamá.

Quitute 6

Elementos necessários

- ✓ arroz branco
- ✓ azeite de oliva
- ✓ cebola
- ✓ camarão descascados (deixe alguns inteiros, para enfeitar)
- ✓ cebola, tomate, pimentão, coentro, cheiro-verde
- ✓ uísque
- ✓ água de coco
- ✓ cigarro de palha

COMO FAZER – Prepare um arroz branco ao seu modo, com azeite. Cozinhe o camarão descascado, fazendo com os temperos um molho bem grosso. Misture o arroz com o camarão e enforme. Após algumas horas desenforme e coloque os camarões inteiros, pré-cozidos em cima. Enfeite ao redor com folhas frescas de alface. Ao lado um copo de uísque com água de coco, mas não esqueça do cigarrinho de palha.

Quitute 7

ELEMENTOS NECESSÁRIOS

✓ camarões médios lavados
✓ azeite de oliva
✓ sal, alho, cominho, pimenta-do-reino
✓ limão
✓ caipirinha
✓ cigarro de palha

COMO FAZER – Misture os temperos acima e adicione os camarões. Deixe descansar no tempero por aproximadamente duas horas. Depois, frite no azeite, coloque num prato e enfeite com rodelas de limão. Coloque em cada camarão um palito, para melhor servir. Ao lado ponha um copo de caipirinha e um cigarrinho de palha aceso.

Quitute 8

ELEMENTOS NECESSÁRIOS
- ✓ um frango de quintal bem novo
- ✓ farinha de mandioca grossa crua
- ✓ miúdos de frango
- ✓ cebola
- ✓ azeite de oliva
- ✓ vermute

COMO FAZER – Faça uma farofa bem cozida e gostosa com os miúdos de frango, cebola, azeite e farinha. Coloque dentro do frango e ponha para assar até dourar. Ponha num prato, com um arroz branco fresco (se puder, acrescente ao lado um pouco de feijão-de-corda cozido e temperado com bastante cheiro-verde e coentro!). Ao lado, um copo com vermute e seu cigarrinho de palha.

Quitute 9

Elementos necessários

- cinco coxas de frango limpas e temperadas ao seu gosto
- óleo para fritar
- farinha de mandioca grossa crua
- cebola
- pimentão

COMO FAZER – Frite as coxas até ficarem bem douradas e cozidas. Com um pouco do óleo da fritura misture uma cebola bem picada e uma pitada de sal e deixe dourar, acrescentando a seguir uma quantidade de farinha que dê para fazer uma farofa bem cozida e não muito seca. Coloque as coxas num prato, a farofa ao redor e enfeite com fatias grossas de cebola e de pimentão. Sirva com um copo de caipirinha.

Quitute 10

Elementos necessários

✓ um quilo de sardinha escamada e limpa (se preferir, pode abrir em filé)
✓ fubá e farinha de trigo
✓ sal e limão
✓ folhas de alface

COMO FAZER – Tempere a sardinha com sal e limão e deixe descansar por mais ou menos uma hora. Retire, passe na mistura de fubá com farinha de trigo e frite no óleo de soja com um pouco de azeite de oliva, até ficar bem douradinha. Enfeite um prato com folhas de alface e coloque as sardinhas fritas com rodelas de limão em volta. Acompanha um copo de caipirinha.

Quitute 11

Elementos necessários
✓ torresmos de porco fritos
✓ batida de limão
✓ uma cerveja

COMO FAZER – Sirva um prato com torresminhos de porco, bem fritinhos, acompanhado com batida de limão. Este prato está entre seus preferidos. Acompanha uma cervejinha bem gelada!

Quitute 12

Elementos necessários
- ✓ dois pés de porco frescos
- ✓ tomate, cebola, pimentão, coentro, cheiro-verde
- ✓ aipim (macaxeira)
- ✓ cerveja

COMO FAZER – Limpe e lave bem os pés de porco e ponha para cozinhar com um pouco de sal. Quando estiver quase pronto, acrescente os temperos acima e deixe formar um molho bem grosso. Cozinhe o aipim em lascas e coloque no prato com os pés de porco e o molho ao lado. Apetitoso!
Acompanha uma cerveja e um cigarrinho de palha.

Quitute 13

Elementos necessários

✓ feijão-de-corda
✓ coentro e cheiro-verde
✓ carne de sol dessalgada
✓ queijo de coalho
✓ manteiga de garrafa
✓ caipirinha

COMO FAZER – Cozinhe o feijão-de-corda na água e sal. Cozinhe a carne de sol em lascas grossas até ficar bem macia. Tempere o feijão com o coentro e o cheiro--verde, coloque num prato com a carne de um lado e o queijo do outro. Se quiser, faça um arroz branquinho, bem-temperado para acompanhar. Regue tudo com um pouco de manteiga de garrafa. Sirva um pouco de caipirinha num copo.

Quitute 14

Elementos necessários
- jiló
- azeite de oliva
- palitos
- azeitonas verdes e pretas
- vermute

COMO FAZER – Cozinhe os jilós inteiros com água e sal, sem deixar amolecer demais. Coloque num prato e regue com o azeite, espetando palitos em cada um. Rodeie com as azeitonas.

Quitute 15

Elementos necessários
- tremoço
- picles
- azeitona
- salaminho
- queijo prato
- queijo de minas
- presunto
- azeite de oliva

COMO FAZER – Faça um prato bem-arrumado com pequenas porções de tremoço, picles, azeitona, salaminho, queijo prato, queijo de minas (branco) e presunto cortados em quadradinhos. Tempere com um pouco de azeite de boa qualidade.

Quitute 16

Elementos necessários
✓ um joelho de porco fresco
✓ cebola e pimentão
✓ farinha de mandioca grossa crua
✓ folhas de alface
✓ caipirinha
✓ cigarro de palha

COMO FAZER – Lave bem o joelho de porco e cozinhe em água com um pouco de sal até amolecer. Acrescente a seguir a cebola e o pimentão em rodelas grossas, sem deixar desmanchar. Retire um pouco do caldo que se formou, junte a farinha e faça um pirão, nem muito encorpado nem ralo demais. Arrume num prato o joelho com uma porção do pirão ao lado, e ofereça este quitute acompanhado com uma caipirinha. Ao lado, acenda um cigarro de palha.

Quitute 17

Elementos necessários
- linguiça calabresa
- palitos
- rodelas de limão
- folhas de chicória
- farinha de mandioca crua
- cebola
- caipirinha
- cigarro de palha

COMO FAZER – Frite as linguiças. Aproveite a gordura da fritura, acrescente uma pitada de sal, rodelas de cebola e faça uma boa farofa. Forre um prato com as folhas de chicória, coloque no centro as linguiças espetadas nos palitos e rodeie com a farofa e as rodelas de limão. Ponha ao lado a caipirinha e o cigarro de palha.

Quitute 18

Elementos necessários
- ✓ meio quilo de moela de frango
- ✓ tomate
- ✓ pimentão
- ✓ cebola
- ✓ cheiro-verde
- ✓ coentro
- ✓ pimenta-malagueta

COMO FAZER – Este é um dos quitutes preferidos do mestre **Zé Pelintra**! Lave bem e cozinhe as moelas até ficarem macias. Acrescente os temperos e faça um molho saboroso e consistente. Ponha num prato, deixe esfriar e coloque um palitinho em cada moela. Ofereça a ele acompanhada por uma cerveja e um cigarro. Você também pode colocar um baralho em volta do prato, enfeitando, mas guarde o Ás de Ouro com você, para lhe trazer sorte.

Quitute 19

Elementos necessários
- pernil
- alface
- limão
- cereja
- cerveja ou uísque

MODO DE FAZER – Tempere bem um pedaço de pernil, ponha para assar até ficar bem douradinho e macio. Forre um prato com folhas de alface e coloque o pernil cortado em fatias, enfeitando ao redor com rodelas de limão. Se quiser que fique refinado, coloque em cada rodela de limão uma cereja ao marrasquino, para dar uma cor mais viva ao prato. Ofereça juntamente com uma cerveja ou com uísque.

Quitute 20

Elementos necessários

- ✓ buchada de bode
- ✓ pimenta
- ✓ arroz
- ✓ cerveja

MODO DE FAZER – **Zé Pelintra** gosta muito de uma buchada de bode bem temperada, com pimenta, e servida com arroz branco e uma cerveja.

Quitute 21

Elementos necessários

- sete palitos de churrasquinho
- linguiça cortada em pedaços
- carne bovina cortada em pedaços
- carne de porco cortada em pedaços
- farofa de linguiça
- cerveja

MODO DE FAZER – Coloque em sete palitos de churrasquinho pedaços de linguiça, de carne bovina e de carne de porco e ponha num braseiro. À parte, faça uma farofa de linguiça e ponha no centro de um prato, cercando com os espetinhos. Acompanha uma cerveja.

Quitute 22

Elementos necessários

- ✓ carne bovina
- ✓ carne-seca dessalgada
- ✓ duas batatas-doces
- ✓ caipirinha

MODO DE FAZER – Tempere bem e asse um pedaço de carne bovina junto com pedaços de carne-seca dessalgada até amolecer e criar um molho ferrugem saboroso. Cozinhe em água e sal duas batatas-doces e descasque. Coloque num prato a carne e o molho e em volta ponha a batata-doce. Sirva junto uma caipirinha.

Quitute 23

Elementos necessários
✓ pedaços de goiabada cascão
✓ queijo de minas

MODO DE FAZER – **Zé Pelintra** também aprecia o famoso Romeu e Julieta – pedaços de goiabada-cascão junto com queijo de minas (branco) espetados no palito. Coloque num prato, no centro da mesa.

Quitute 24

Elementos necessários

- presunto em fatias
- queijo prato em fatias
- azeitonas verdes
- cerveja

MODO DE FAZER - Junte uma fatia de presunto, uma fatia de queijo prato e enrole. Faça outras de forma contrária, ou seja, uma fatia de queijo e dentro uma fatia de presunto. Coloque num prato e sirva com algumas azeitonas verdes no centro, acompanhado de uma cerveja.

Quitute 25

ELEMENTOS NECESSÁRIOS
- ✓ azeite de oliva
- ✓ orégano
- ✓ queijo de coalho ou de minas em pedaços
- ✓ folhas de alface

MODO DE FAZER – Misture um pouco de azeite de oliva com orégano. Corte o queijo de coalho (ou de minas) em pedaços não muito pequenos. Passe na mistura e sirva num prato forrado com folhas de alface.

Quitute 26

Elementos necessários

- ✓ farofa de camarão
- ✓ manteiga de garrafa
- ✓ cebola em rodelas
- ✓ pimenta dedo-de-moça
- ✓ ovas de peixe
- ✓ cerveja

MODO DE FAZER – Faça uma boa farofa de camarão com manteiga de garrafa, cebola em rodelas e um pouco de pimenta dedo-de-moça. Coloque no centro de um prato e rodeie com ovas de peixe fritas. Acompanha uma cerveja.

Quitute 27

Elementos necessários
- três bifes de fígado
- cebola e cheiro-verde
- azeite de oliva
- caipirinha

COMO FAZER – Corte os bifes em tiras e tempere com um pouco de sal. Frite no azeite de oliva ou na manteiga de garrafa. Retire do fogo e coloque a cebola em rodelas no mesmo recipiente para dar uma rápida dourada, acescentando a seguir o cheiro-verde picado. Desligue e coloque os temperos por cima do fígado. Sirva com um copo de caipirinha.

Quitute 28

Elementos necessários

- feijão-fradinho
- carne de sol dessalgada
- jiló
- maxixe
- batata-doce
- repolho
- cenoura
- caipirinha

COMO FAZER – Corte em pedaços médios e cozinhe a carne de sol até amolecer. Deixe esfriar. Ponha os legumes para cozinhar em água e sal sem deixar desmanchar. Sirva num prato a carne rodeada pelos legumes. Ao lado, um copo com a caipirinha.

Quitute 29

Elementos necessários

- meio quilo de maxixe
- azeite de oliva
- alho socado
- cebola roxa em fatias

MODO DE FAZER – Cozinhe meio quilo de maxixe inteiro em água e sal, sem deixar amolecer demais. Retire da água, enfeite com palitinhos, regue com azeite de oliva misturado com alho bem socadinho. Coloque num prato e rodeie com cebola roxa cortada em fatias.

Quitute 30

Elementos necessários

- meio quilo de carne moída
- um ovo
- um pão amanhecido ou meio copo de farinha de rosca
- cheiro-verde e coentro bem picadinhos
- cebola bem batidinha ou ralada
- cerveja

COMO FAZER – Junte à carne moída um pouquinho de sal, o ovo inteiro, o pão amolecido em um pouco de leite ou a farinha de rosca e os demais temperos. Misture bem, faça bolinhas, frite em óleo vegetal e coloque num prato forrado com folhas de alface. Espete em cada bolinho de carne um palitinho. Coloque ao lado uma vasilha com um bom molho de pimenta e sirva junto com um copo de cerveja.

Quitute 31

Elementos necessários
- queijo provolone em pedaços
- azeite de oliva
- orégano
- folhas de alface
- torradas
- um copo de conhaque

MODO DE FAZER – Corte o queijo provolone em pedaços regulares, regue com azeite de oliva e polvilhe com um pouco de orégano. Em cada pedaço de queijo coloque um palito. Sirva num prato enfeitado com folhas de alface. Enfeite ao redor com torradinhas feitas na manteiga. Acompanhe com um copo de conhaque. Você pode usar também o queijo de coalho frito na manteiga de garrafa. É uma das paixões de **Zé Pelintra**!

Quitute 32

Elementos necessários
- um quilo de aipim em pedaços
- manteiga de garrafa
- carne-seca ou carne de sol dessalgados em pedaços
- um copinho de cachaça

MODO DE FAZER – Descasque um quilo de aipim (macaxeira ou mandioca) em pedaços medianos e ponha para cozinhar com água e sal. Logo após, frite em manteiga de garrafa. Coloque num prato, acompanhado com pedaços de carne-seca ou de carne de sol, dessalgados, cozidos e bem macios. Sirva com um copinho de cachaça pura e de boa qualidade.

Quitute 33

Elementos necessários
- uma abóbora de tamanho médio
- meio quilo de carne-seca dessalgada e desfiada
- azeite de oliva
- cebola
- azeitonas verdes
- três dentes de alho socadinhos
- meio copo de leite

COMO FAZER - frite no azeite a carne-seca desfiada grossamente. Deixe fritar levemente e acrescente uma cebola grande cortada em rodelas finas, o alho e, por último, as azeitonas. Deixe um pouco no fogo, para os temperos se agregarem e perfumarem o alimento. Abra a abóbora e tire as sementes; guarde a tampa. Retire um pouco da polpa da abóbora e cozinhe até amolecer. Amasse, acrescente um pouco de leite e prove o sal, fazendo um purê. Misture com a carne-seca temperada e ponha este creme dentro da abóbora. Feche a abóbora com a própria tampa e envolva com papel alumínio. Coloque no forno a 180ºC, até a abóbora amolecer um pouco. Ao tirar do forno, retire o papel alumínio e coloque num prato bem bonito. Destampe, deixe esfriar um pouco e oferte ao malandro **Zé Pelintra**. Acompanha uma boa dose de cachaça, de conhaque ou uma cerveja bem gelada.

Quitute 34

Elementos necessários

- azeite de dendê
- azeite de oliva
- linguiça calabresa cortada em rodelas médias
- farinha de mandioca
- sal

COMO FAZER – ponha numa panela um pouco de cada azeite e, a seguir, a linguiça. Frite-a bem dos dois lados. Coloque uma porção de farinha de mandioca suficiente para fazer uma farofa não muito seca, e uma pitada de sal. Mexa bem, para cozinhar bem a farinha e não deixá-la queimar, fazendo uma gostosa farofa. Se quiser, acrescente alguns pedacinhos de pimenta-malagueta. Ponha num prato, enfeite com algumas azeitonas ao redor, e ofereça a **Zé Pelintra**. Essa farofa também pode servir de acompanhamento para outros quitutes.

Quitute 35

Elementos necessários

- bacalhau dessalgado
- azeite de oliva
- batatas-bolinhas
- tomate
- pimentão
- cebola
- salsinha e cebolinha lavadas e picadinhas

COMO FAZER – corte o bacalhau em postas grossas e frite no azeite. Cozinhe as batatas-bolinhas com uma pitada de sal e depois frite-as no óleo de soja, deixando que fiquem bem douradinhas. Coloque as postas de bacalhau fritas em um prato de barro bonito e grande e enfeite com fatias de tomate, de pimentão e de cebola. Espalhe por cima as batatinhas e a salsa e a cebolinha picadinhas. Este é um prato muito requintado, ao gosto de **Zé Pelintra**. Seu acompanhamento pode ser um vinho branco.

Quitute 36

Elementos necessários
- um peixe de tamanho médio, de carne firme (chicharro ou carapau)
- um prato de barro
- sal grosso
- limão
- folhas de alface
- tomate, pimentão, cebola
- azeitonas pretas

COMO FAZER – lave bem o peixe, sem retirar as escamas. Retire as vísceras, sem abrir muito a barriga do peixe. Passe sal grosso e pingue suco de limão. Leve para assar num braseiro, sem deixar amolecer demais. Forre o prato com folhas de alface, coloque o peixe e enfeite com as rodelas de tomate, pimentão, cebolas e ponha em volta as azeitonas. Sirva acompanhado com um vinho branco.

Quitute 37

Elementos necessários

- ✓ um pargo de tamanho médio bem firme
- ✓ uma travessa de barro
- ✓ sal grosso
- ✓ limão
- ✓ cento e cinquenta gramas de camarão limpo
- ✓ cebola, tomate, pimentão
- ✓ coentro
- ✓ azeite de oliva
- ✓ azeite de dendê
- ✓ azeitonas pretas
- ✓ folhas de chicória ou de alface
- ✓ fatias de pão
- ✓ vinho branco

COMO FAZER – lave o peixe, sem retirar as escamas, só retirando as vísceras com cuidado. Passe sal grosso e limão. Coloque numa panela rodelas grossas de cebola e de tomate, coentro picado, azeite de oliva e azeite de dendê. Deixe o molho engrossar e ponha o peixe, dando uma leve fervura. Forre a travessa com as folhas e coloque o peixe, acrescentando o molho por cima e enfeitando com as azeitonas ao redor. Num prato ao lado, coloque algumas fatias de pão, com um copo de vinho branco.

Quitute 38

Elementos necessários
- um inhame-do-norte de tamanho médio
- um pedaço de carne-seca ou de carne de sol dessalgada
- tomate, pimentão, cebola
- coentro, salsa e cebolinha
- uma travessa de barro

COMO FAZER – descasque e cozinhe o inhame com uma pitada de sal. Corte em pedaços retangulares médios e ponha na travessa de barro. Desfie a carne. Faça um molho grosso com o tomate, o pimentão, a cebola, o coentro, a salsa e a cebolinha. Acrescente a carne, dê uma misturada rápida e jogue por cima do inhame. Deixe esfriar e ofereça a **Zé Pelintra**, acompanhado de uma caipirinha bem-feita.

AXÉ KAVOK

Consultas e informações (sugestões, críticas e opiniões):
Odé Kileuy - 21 2796-2026
email: verabarros@openlink.com.br

Anotações pessoais

Anotações pessoais

Anotações pessoais

Este livro foi impresso em novembro de 2013 na Gráfica Edelbra, em Erechim.
O papel de capa é o cartão 250g/m², o de miolo é o offset 75g/m²
e o do caderno de imagens é o couché 130g/m².
A família tipográfica utilizada é a Utopia.